Resilienz

MÄCHTIGE ÜBUNGEN, UM SICH VON ENTTÄUSCHUNGEN, PROBLEMEN UND SOGAR KATASTROPHEN ZU ERHOLEN

Ilona Heller

2. Auflage

Druck und Auslieferung: Amazon.de / Independently published

ISBN: 979-8603147635

Inhalt

Vorwort

Vielen Dank für das Interesse an meinem Buch. Kurz ein paar Worte zu mir. Ich bin Ilona Heller. Ich beschäftige mich seit sehr langer Zeit mit dem Thema "Resilienz". Seit 2009 gebe ich Kurse in ganz Deutschland und fange nun an Bücher zu schreiben. Ich begleite meine Leser auf ihrem Weg zur Resilienz.

Meine Leidenschaft ist die Begleitung von Unternehmen, Teams und Führungskräften in Entwicklungs- und Veränderungsprozessen. Ich unterstütze meine Klienten dabei, dem raschen Wandel in der Arbeitswelt resilient, agil und mit einer lösungsorientierten Haltung zu begegnen. Mein Fokus liegt darauf, die individuellen Stärken und Potenziale Ihrer Persönlichkeit sichtbar zu machen. Nach diesen einleitenden Worten wünsche ich viel Inspiration beim Lesen und viel Erfolg bei der Umsetzung meiner Tipps.

Das erwartet Sie in diesem Buch

Was hat Stress mit Resilienz zu tun? Und inwiefern beeinträchtigt Resilienz unser Leben? Resilienz hat eine direkte Verbindung zur menschlichen Psyche und ist, ohne dass wir es merken, ein Bestandteil unseres Selbst. Allein den Widrigkeiten des Lebens zu trotzen ist für alle Menschen ein langwieriger Lernprozess. Zudem sind regelmäßig oder unregelmäßig auftretende Krisen oder Schicksalsschläge oft schwer zu verarbeiten.

In der Psychologie gibt den Begriff „Resilienz“, welcher dafür steht, dass Menschen die Kraft aufbringen können, selbst in schwierigsten Lebenslagen und Situationen wieder aufzustehen und sogar gestärkt aus ihnen hervorzutreten. Viele schaffen dies aber oft nicht allein. Menschen, die sich selbst nach diversen Schicksalsschlägen und Krisen wiederaufrichten können, besitzen eine Reihe von essenziellen Fähigkeiten, die sich praktisch jeder antrainieren kann. Resilienz nimmt in der Psychologie die Rolle der Fähigkeit ein, die nicht nur das Aufladen Ihres Selbst ermöglicht, sondern auch das Aushalten aller Widrigkeiten des Lebens. Besonders Menschen, die eine geliebten Person verlieren, benötigen ein hohes Maß an Resilienz – vor allem dann, wenn der Verlust sehr hoch war, wie z. B. die eigene Mutter.

Dabei ist mit Hilfe von Resilienz sogar möglich, durch solche Erlebnisse persönlich zu wachsen und widerstandsfähiger zu werden.

Die Widrigkeiten des Lebens sind jedoch nicht auf das obige Beispiel reduziert. Auch andere Hindernisse gehören dazu, beispielweise unerwartete Kündigungen, zu viel Stress, die Trennung von Geliebten, lange anhaltende wie auch eingefahrene Beziehungen sowie Ehen. Resilienz kann wortgetreu als unser Immunsystem unserer Seele bezeichnet werden, denn wie unser körpereigenes Immunsystem gegen Viren, Bakterien und diverse andere Giftstoffen ankämpft, ist der Wirkungsmechanismus der Resilienz exakt gleich. Der einzige Unterschied liegt darin, dass die Viren, Bakterien und Giftstoffe der Seele eben die Krisen, Widrigkeiten und mentale Belastungen sind.

Im selben Zuge nimmt Stress eine große Rolle im Rahmen der psychischen Belastung ein und gilt als der Auslöser Nummer eins für Burnout, Depressionen, Erschöpfung oder Angststörungen.

In diesem Ratgeber wird der Begriff „Resilienz“ nachfolgend zunächst genauer betrachtet und diverse Problematiken im Umgang mit Resilienz und seelischen

Belastungen aller Art erläutert. Gefolgt wird diese Darstellung der Grundlagen von Tipps und praktischen Hinweisen, die den Umgang damit vereinfachen. Seien Sie gespannt, mit welchen einfachen Methoden Resilienz zu einem stärkeren Begleiter Ihres Lebens werden kann, um Sie vor den mentalen Viren, Bakterien und Giftstoffen zu schützen.

Seien Sie hierbei keineswegs zu verbissen, was die Tipps betrifft, denn nicht jeder ist bei jedem Menschen gleichermaßen wirksam. Überspringen Sie jene, die Ihnen nicht zusagen, doch wenden Sie auch die Hinweise an, von denen Sie überzeugt sind. Sie werden schnell feststellen: Es benötigt nur wenige Handgriffe, um Widrigkeiten, die Ihr Alltag für Sie bereithält, zu trotzen und sogar stärker aus ihnen hervorzutreten.

Ilona Heller

Kapitel 1

Resilienz - Was ist das überhaupt?

Resilienz an sich ist die seelische Widerstandskraft. Hierbei geht es ausschließlich darum, die eigene Kraft wiederherzustellen, zu erweitern und gleichsam diverse Belastungen und Widerstände auszuhalten, die sich auf die empfindsame Seele abladen. Sie ist praktisch die Fertigkeit, die besagten Widrigkeiten des Lebens zu bewältigen, ohne einen lange nachwirkenden bzw. nachhaltigen Schaden an der eigenen Psyche und der eigenen Seele zu bewirken.

Resilienz ist das flexible Material, welches so fix in seine Ausgangsform zurückgeht, nachdem es die Einwirkungen von außerhalb ertragen und abgewehrt hat, sodass damit auch ein direkter Bezug auf die menschliche Psyche genommen werden kann.

Das Beste an der Resilienz ist, dass sie in jedem Menschen verfügbar ist, denn das, was uns dahingehend distinguiert, ist der unterschiedlich stark ausgeprägte Grad der Resilienz. Das bedeutet also, dass jeder Mensch grundsätzlich resilient ist. Was wir jedoch bewirken können, ist, die eigene Resilienz zu trainieren und zu stärken, sodass wir an Herausforderungen wachsen und für die nächsten Schicksalsschläge gewappnet sind.

Aus wissenschaftlicher Sicht meint Resilienz die Kompetenz, auf stetig und dauernd ändernde Situationen im Leben eines Menschen adaptiv im Sinne von anpassungsfähig wie auch adäquat zu reagieren. Dadurch ist der resiliente Mensch in der Lage, herausfordernde Geschehnisse zu bewältigen. Bewältigung - äußert sich hierbei dahingehend, dass keine nachteiligen Konsequenzen aus den Erlebnissen bzw. Situationen entstehen.

Im Volksmund gibt es weitere Bezeichnungen der Resilienz, die aber alle die gleiche Bedeutung hegen. Dazu gehören u. a. der „Stehaufmännchen-Effekt", Elastizität, Zähigkeit, Widerstandsfähigkeit oder die Robustheit selbst. Sie steht zudem die Aussage „psychisch gesund bleiben, trotz erschwerendem Stress" im Volksmund fest und ist steht der Vulnerabilität entgegen. Letztere meint im Gegensatz zur Resilienz die Anfälligkeit von auftretenden und erkannten Problematiken, aber auch Risiken sowie eine starke Verletzlichkeit, Empfindlichkeit und Sensibilität, die sich äußerst negativ durch Stress bemerkbar machen – allesamt Faktoren, die wir mit Hilfe der Resilienz zu verhindern versuchen.

Kapitel 2

Emotionale Intelligenz im Vergleich zu anderen Intelligenzformen

Emotionale Intelligenz ist eine von vielen Intelligenzarten. Neben der sprachlichen / linguistischen, die die Treffsicherheit und das Verständnis der Sprache selbst einschließt und sich durch einen großen Wortschatz bereits früh bemerkbar macht, gibt es noch weitere Typen, darunter beispielsweise die:

- musikalische Intelligenz,
- logisch-mathematische Intelligenz,
- räumlich-bildliche Intelligenz,
- körperlich-kinästhetische Intelligenz,
- intrapersonale Intelligenz,
- naturalistische Intelligenz,
- existenzielle Intelligenz,
- vitale Intelligenz,
- kristalline und fluide Intelligenz,
- kreative Intelligenz,
- professionelle Intelligenz,
- praktische Intelligenz,
- physische Intelligenz,
- spirituelle Intelligenz sowie die
- soziale Intelligenz.

Die aufgeführte Liste ist dabei keineswegs vollständig, weil je nach Experten weitere Arten hinzugefügt werden. Jedoch sind die oben aufgezeigten der weitestgehend bestehende Konsens. Jede Art von Intelligenz ist zudem einzigartig und gleichsam in jedem Menschen verankert. Beispielsweise ist die musikalische Intelligenz grundlegend eng mit der **sprachlichen Intelligenz** verwoben und arbeitet gleichsam mit der **kreativen Intelligenz** zusammen. Andere Arten von Intelligenz sind eher unscheinbar, jedoch immer existent.

Allein mit Lage, Dialekt und Akzent der Sprache früh zurechtzukommen und dazu noch Melodien, Klänge und Rhythmen in ihren feinen Unterschieden erkennen zu können, ist die Verbindung zur Kreativität, die die Feinheiten und Probleme auffinden lässt, um diese zu lösen. Bei der **spirituellen Intelligenz** sind tiefere Zugänge auf einer anderen Sinnesebene möglich. Darin werden letztlich Werte und Lebensbestimmungen entdeckt. Die **logisch-mathematischen Intelligenz** bewirkt, dass Strukturen und Schemata schnell und klar erkannt werden, ganz gleich, wie schwierig Zahlen, Logik und Mathematik erscheinen mögen. Bei der **räumlich-bildlichen Intelligenzform** steht das aufgebaute räumliche Vorstellungsvermögen im Vordergrund, das ihre Vorzüge vor allem bei der Erschaffung von Kunstwerken aufzeigt.

Die **körperlich-kinästhetische** Form birgt große Begabungen bei Bewegung, Sport und Feinmotorik, hingegen die **intrapersonale Intelligenz** mehr die Fertigkeit bildet, mit den eigenen Impulsen gesammelt umzugehen und die eigenen Gefühlsgrenzen zu kennen. Hierbei spielen die Selbsterkenntnis und eine ausgeprägte, realistische Meinung über die eigenen Begabungen eine immense Rolle. Die **interpersonelle Intelligenz** bezeichnet das Erkennen von Stimmungen und Gefühle anderer Personen. Diese Art der Intelligenz fungiert praktisch als das sensible Gespür des Zuhörers. Bei der **naturalistischen Intelligenzform** tritt die Fertigkeit auf, einen engen Bezug zur natürlichen Umwelt zu haben. Naturalistisch intelligente Menschen sind beispielsweise sehr tierlieb oder lieben Pflanzen auf ihre ganz sensible, gar spirituelle Art und Weise.

Des Weiteren tritt die **existenzielle Intelligenz** vor allem bei Pastoren und weiteren Gläubigen auf, die sich mit Themen um Religiosität und Philosophie auseinandersetzen. Dazu kommt auch noch die **soziale Intelligenz,** die den Umgang mit dem sozialen Umfeld gewährleistet und kontrolliert. Das Eindenken in andere Menschen und damit die Handlungen und die

Entscheidungen dieser Person wertzuschätzen ist neben der Basis der Kommunikation und neben der Empathie der Kern dieser Intelligenzform. Die **physische Form der Intelligenz** schließt als Basis den Umgang mit dem eigenen Körper ein – also der liebevolle, sorgsame Umgang mit dem eigenen Körper hinsichtlich Ernährung, Sport und Gesundheit. Dadurch wird der körpereigene Energielevel konstant hochgehalten und der Mensch zu persönlichen wie auch individuellen Höchstleistungen geführt. Sie dient als Grundstein für andere Intelligenzformen, da sie sich auf den Körper konzentriert – auf die Hülle, die den Geist und damit alle anderen Intelligenzarten einschließt.

Auf einer gänzlich anderen Ebene ist die kognitive Intelligenz wirksam. Sie ist die Grundmauer der Entwicklung des Bildungssystems, die Tragemauer, die sowohl mathematische als auch linguistische Intelligenzen fördert und testet. Eine weitere Form ist die **praktische Intelligenz** – eine Art, die im Alltag die Kenntnisse zum persönlichen Glück, Erfolg und zur Tüchtigkeit einbringt. Dieses Wissen ist eher still und wird erst dann erkannt bzw. wahrgenommen, wenn demjenigen eine Chance geboten wird, sich dahingehend zu beweisen. Bei der **professionellen Intelligenz** rückt das pure Fachwissen immer mehr in den Hintergrund. Hierbei geht es vielmehr darum, Probleme zu beseitigen und Prozesse zu lenken, aber auch aktiv an diversen Neuheiten zu arbeiten. Die **vitalen Intelligenz** schließt das Handeln selbst ein. Eine erfolgreiche Integration in einer sozialen Gruppierung ist durch diese Form der Intelligenz das Türschloss zur sozialen Zusammenkunft und damit die Basis aller Führungskompetenzen, Durchsetzungsvermögen sozialer Verbände und aller psychologischen Machtausübungen. Als vorläufig letzte Vergleichsform der Intelligenz stehen die **kristalline und die fluide Form** im Fokus. Bei Ersterem handelt es sich um eine Form, die die Fertigkeit der geübten Interaktion meint und sowohl das Arrangement als auch die Planung der Verfahren einschließt. Diese Intelligenzform ist meist vererbt und kann gleichermaßen überhaupt nicht durch diverse Umwelteinflüsse verändert werden, wozu beispielsweise die besondere Auffassungsgabe, geistige Kapazitäten als auch das grundsätzliche Verarbeitungsniveau zählen. Hierbei besteht eine starke Verkettung zur fluiden Intelligenzform, denn ihr kategorischer Wissensstand und das frühe Erlernen einiger notwendiger Grundlagen, z. B. Rechnen, Radfahren, spezifische Verhaltensweisen, sind existenziell.

Die **emotionale Intelligenz** nimmt im Hinblick auf die Resilienz eine entscheidende Rolle ein. Sie führt zum einen zu zufriedenen Partnerschaften und Freundschaften, zum anderen ist sie auch bei Führungspersönlichkeiten verstärkt ausgeprägt. Im Falle der Resilienz ist ein Wachstum an diversen Herausforderungen entscheidend. Dies wird eben durch die Verknüpfung mit der emotionalen Intelligenz selbst bewirkt, die durch positive Gefühlsregungen eine dauerhaft fruchtbare Begünstigung schafft und damit eine schnelle Überwindung negativer Erfahrungen ermöglicht. Die Genesung wird praktisch durch eine positive Stimmung und einer höheren Leistungsfähigkeit, also Produktivität des Gehirns, verbessert.

Bitte beachten Sie, dass sowohl Schwächen als auch Stärken zur Feststellung der Resilienz in die Hände eines Facharztes gehören. Hierbei differenziert der Facharzt sowohl die beruflichen als auch organischen oder psychischen Quellen. Eventuell auftretende Komplikationen, wie z. B. verstandsverunreinigende Therapien von diversen nicht qualifizierten Berufsgruppen, sollten daher mit Vorsicht genossen werden.

Kapitel 3

Die Wirkung von Resilienz

„Unsere größte Schwäche liegt im Aufgeben. Der sichere Weg zum Erfolg ist immer, es doch noch einmal zu versuchen." **Thomas Alva Edison (1847-1931)**

Was bewirkt Resilienz überhaupt? Resilienz hat den Effekt der starken Zufriedenheit des Lebens sowie positiverer Gefühle. Beispielsweise können Sie sagen, dass Sie etwas ganz Bestimmtes in Ihrem Leben erreicht haben und sowohl stolz, beliebt, aber auch begeistert und leistungsstark hervorgewachsen sind, um weitere Herausforderungen in Ihrem Leben zu meistern. Hierbei treten viele Gefühlsregungen auf: Sie können neben dem Stolz auch eine volle Energieleiste und ein hohes Interesse kombiniert mit einer starken Entschlossenheit und mit einer hohen Zuversicht empfinden, was Sie allemal sehr zufriedenstellen wird. Dazu kommt, dass Depressionen und negative Gefühle sinken. Das hat zur Folge, dass Gefühle der Gereiztheit, des Neides, der Besorgnis, Benachteiligung, Aggression, Erschöpfung, aber auch der Überlastung, Trauer sowie Nervosität, die zur Lustlosigkeit führen, in unbedenkliche Tiefen absinken. Sie werden also auch weniger anfällig für Krankheiten und weniger müde sein, sich genauso weniger frustriert, hoffnungslos oder gleichgültig fühlen. Gesundheitliche Probleme werden generell verringert werden und damit die Leistung angehoben. Resilienz ist daher auch unternehmerisch gesehen relevant und kann Menschen in jeder Lebenslage zu Größerem, Weiterem und Besserem verhelfen.

Kapitel 4

Was hat Stress mit Resilienz zu tun?

Stress ist allgemein betrachtet – nämlich aus negativer Sicht – ein Faktor, der jedem das Leben schwer macht, besonders in der modernen Zeit, in der die Arbeit einen sowohl hohen als auch stressigen Stellenwert einnimmt: Kinder und Job unter einen Hut zu bringen, zwei Jobs nachgehen, um überhaupt den Lebensunterhalt finanzieren zu können und dann kaum Freizeit besitzen. Ist es umgekehrt, so mangelt es an den finanziellen Mitteln und die Unzufriedenheit ist genauso hoch. Grundsätzlich ist an dieser Stelle zwischen den zwei Arten von Stress zu differenzieren.

Zwei Arten von Stress

- *Positiver Stress, den Sie in schwierigen Situationen erleben, der Ihnen hilft Ihr Leistungspensum zu erreichen und gleichsam Glückshormone ausschüttet (= Eustress)*

- *Negativer Stress, der gegenüber der positiven Seite überwiegt und Gegenteiliges bewirkt – also am Wachstum hindert und überwiegend Negativität in allen Facetten zum Vorschein kommen lässt.*

Wie viele Menschen leiden unter dem Burnout-Syndrom? Wie viele Menschen arbeiten sich für den Mindestlohn den Rücken kaputt, um am Ende gerade einmal seine Miete begleichen zu können? Stress hat jedoch nicht nur etwas mit sozialer Ungerechtigkeit zu tun, sondern wirkt sich auch äußerst negativ auf die Gesundheit und das eigene Sozialleben aus.

Dabei sind die Folgen von Stress bereits bekannt. Es treten Depressionen auf, Burnout befällt viele Berufstätige und das chronische Erschöpfungssyndrom sorgt für einen immensen Leistungsabfall, der wiederum zu Zwangsstörungen, Angst und sogar Konzentrationsstörungen, Vergesslichkeit, Sucht und Essstörungen führen kann. Das wachsende Übergewicht ist somit nicht nur eine Folge, der von der Lebensmittelindustrie und der Bevölkerung selbst verursachten schlechten Ernährung, die auf Bequemlichkeit und finanziellem Interesse aufbaut.

Ein Minimum an Schlaf, ca. acht Stunden für einen Erwachsenen, sind notwendig, um am nächsten Morgen ausgeruht die Arbeit oder den Tag anzupacken. Den meisten Erwachsenen gelingt es jedoch nicht, dieses Minimum zu erfüllen. Dabei treten verstärkt körperliche Beschwerden auf, denn Dauerbelastungen durch Stress lassen vielerlei Symptome hervortreten. Unter anderem sind Schmerzen in Gelenken, im Rücken, im Kopf und im Nacken einige der dafür charakteristischen Anzeichen, gefolgt von Durchfall, Sodbrennen, dem Reizdarmsyndrom und Verstopfung, aber auch Zuckungen und Krämpfe. Darüber hinaus zeigen sich Symptome wie Hautreaktionen, Erschöpfung, Schlafstörungen und chronische Müdigkeit. Eine weitere Reaktion des Körpers ist das Aufzeigen von Bluthochdruck, Herzrasen, Atembeschwerden und Schwindel. Vor allem Menschen mit einem Herzschrittmacher sind hierbei besonders gefährdet.

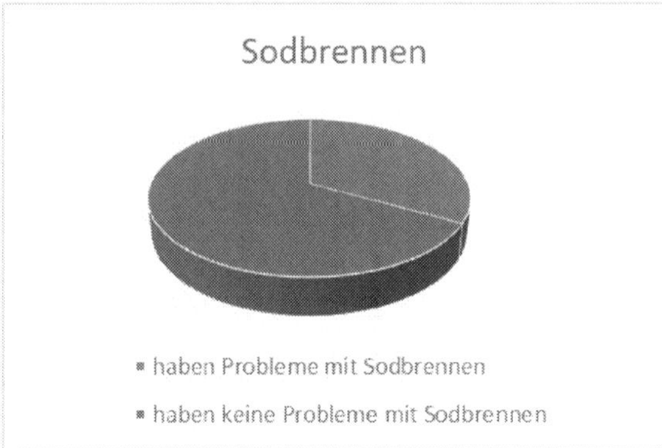

Jeder Dritte hat Probleme mit Sodbrennen und muss gegebenenfalls Medikamente einnehmen, um Speiseröhrenkrebs zu vermeiden. Stress hat demnach auch viele Ursachen. Eine Art der Intervention könnte ein seriöses Resilienz-Training sein und somit eine Differenzierung zwischen beruflich und privaten Stresssituationen aufzeigen. Sowohl spezialisierte Ärzte als auch das eigene berufliche Management in Form von Organisation, Arbeitsplatzgestaltung, Führung und einer entsprechenden Unternehmenskultur erleichtern die Bewältigung solcher Stresssituationen. Doch auch Aufgabenverteilungen, die sowohl im privaten Bereich als auch im unternehmerischen Bereich durchgeführt werden, sind eine große Hilfestellung zur Vermeidung von Stress, wodurch sich negative seelische Belastung ist damit gut überwinden lassen.

Im Berufsalltag sind ebenfalls Auslöser für Stress, Sorgen und Ängste vorzutreffen. Diese sind vor allem in Form von Existenzängsten zu finden, welche sowohl außerberuflich als auch beruflich sein können. Doch auch Missachtung und Ablehnung gehören in diese Kategorie, die zu sozialer Isolation führen können. Genauso hinterlässt der Mangel an Wertschätzung, Respekt, sozialen Kontakten, Aufrichtigkeit und Vertrauen tiefe Furchen in der Seele. Ein prägender Faktor ist auch der stetige Streit, ob dieser nun zwischen Kollegen und Vorgesetzten, zwischen Kollegen selbst oder Zuhause in den eigenen vier Wänden auftritt. Ebenso ist die mangelnde Freude, das wachsende Pensum an Aufgaben oder immer gleichbleibenden Aufgaben, die irgendwann zu monoton und damit eher langweilig wirken, eine Folge, denn dadurch entsteht Unzufriedenheit. Privat deutet es daraufhin, dass die Bedürfnisse vom Partner nicht erfüllt werden und dieser aus der Unzufriedenheit heraus ein Ventil sucht, genauso wie Unzufriedenheit dies im Arbeitsleben bewirkt. Wird dabei auch noch der persönliche Wert und innere Überzeugungen mit Füßen getreten oder vernachlässigt, oder aber ergibt sich kaum ein erkennbarer Sinn hinter der Tätigkeit, mündet das Gemüt schnell in Unzufriedenheit über. Gleichsam können auch Verpflichtungen und die soziale Verantwortung anderen

Personen, wie z. B. Eltern, belasten. Ist beispielsweise die Mutter schwer krank und der Vater im Rollstuhl, ist die soziale Überlastung sehr hoch. Dies kommt meist bei besonders hilfsbedürftigen Personen zum Vorschein, vor allem dann, wenn der Betroffene ein hohes Maß an Empathie und ein ausgeprägtes Helfersyndrom hat und sich damit selbst sehr schnell überlastet.

Im Arbeitsleben kann es zu einer starken Überlastung kommen – speziell dann, wenn vor allem Fachkräftemangel herrscht und alle Mitarbeiter mehr arbeiten müssen, um das Pensum des Unternehmens zu erhalten. Dabei sind Zeitmangel, der Schwierigkeitsgrad, die mittlerweile extremen Anforderungen der Fehlerfreiheit und die Komplexität selbst ein immer größer werdendes Problem. Wer sich im heutigen Zeitalter einen Fehler erlaubt, wird oft schneller ersetzt als ihm lieb ist, was auch wiederum den Kreislauf der verstärkten Existenzängste einlenkt – ein Teufelskreis, der allein so einfach nicht durchbrochen werden kann. Die völlig verschiedene Reaktion von Personen auf solche Stressfaktoren legen stetig einen hohen Ballast auf die Schultern der Menschen. Auch wenn viele dies als eine Art sportliche Herausforderung anerkennen könnten, gibt es dennoch eine Menge Menschen, die überwiegend Probleme haben, mit solch massigen Schwierigkeiten zurechtzukommen.

Kapitel 5

Resilienz im Alltag

Der Alltag ist der Teil des Lebens, der am meisten von uns fordert, sei dies nun privat oder im Beruf. In der Unterscheidung zwischen Beruf und Alltag gibt es einige Differenzierungen, die allerdings an den meisten Stellen miteinander verwachsen sind. Betrachtet man beide Aspekte, also den **beruflichen und den privaten Alltag** gleichermaßen, sowie die Bedeutung von Resilienz, ist Resilienz speziell in der Stärkung des eigenen Selbstbewusstseins wichtig und äußert sich positiv. Die psychische Widerstandskraft ein eher spiralförmiger Verlauf, denn Resilienz ist ein Stimmungsstreichler, der durch gute

Laune gleichsam eine noch bessere Resilienz hervorbringt. Sie ist eine Art Kreislauf, ein gegenseitiges Nehmen und Geben.

Spaß, Energie, Begeisterung und Entschlossenheit sind die Produkte von positiven Gefühlen und Lebenszufriedenheit, ausgelöst durch Resilienz. Gleichsam sind es Eigenschaften, die eine direkte Auswirkung auf die Leistung allgemein ausüben und im gleichen Ablauf absenkend auf negative Gefühle fungieren. Gleichzeitig sind diese Faktoren wiederum sehr förderlich, da sie die Resilienz stärken – eine interdependente Beziehung durch und hin zur Resilienz.

Genauso hat Resilienz ihre Funktion innerhalb von Beziehungen. Sowohl das betriebliche als auch das private und gesellschaftliche Klima führen durch den guten Einfluss von psychischer Widerstandskraft zu mehr Zufriedenheit. Dies kann beispielsweise in Form von Mitarbeiterzufriedenheit sein, welche wiederum zu erhöhter Kundenzufriedenheit führt. Durch Studien konnte bewiesen werden, dass vor allem im Bereich der Unternehmen Resilienz einen Wert von überdurchschnittlich motivierten Mitarbeitern hervorbringt, die als Folge ebenso motivierte und zufriedene Kunden mit sich ziehen. Es ist ebenso nachgewiesen, dass eine hohe

Resilienz sowohl große Vorteile im Sozialen, im Wirtschaftlichen, aber auch im Persönlichen mit sich bringt.

Einleitendes Beispiel:

Um Resilienz und ihre Auswirkungen besser zu verstehen, wird eine Reihe praktischer Beispiele aus einer realen Lebensgeschichte beschrieben. Die Protagonistin dieser Lebensgeschichte durchlebte eine harte Zeit. Fakt ist, dass die privaten und familiären Verhältnisse sehr schlecht waren. Schlecht meint in diesem Zusammenhang, dass sowohl Mobbing als auch Diskriminierung und das Entziehen von Nahrungsmitteln, Zuwendung und finanziellen Mitteln existent waren. Dazu kam auch, dass es täglich üblich war, der harten Arbeit nachzugehen, um überhaupt ansatzweise Anerkennung zu finden – eine Anerkennung, die nur auf Arbeitskraft beruhte: Kaum hörte die Arbeit für den Tag auf, war auch die Anerkennung schon Teil der Vergangenheit. Gleichzeitig hatte die ältere Schwester der Protagonistin das Glück, mit dem Oberhaupt der Familie, dem Vater, in sehr guter Harmonie zu stehen und somit die Erlaubnis und Mittel bekam, alles zu tun und zu lassen, was ihr Herz begehrte. Dies beinhaltete nicht nur das Weggehen in zweifelhafte Clubs mit genauso zweifelhaften Freunden, sondern auch das Mobbing der Protagonistin selbst, was vor allem in erster Linie durch Lärmbelästigung passierte. Noch heute hat sie auf dem einen Ohr einen Hörschaden, den sie nie wieder wegbekommt, egal wie oft Ärzte diverse Medikamente verschreiben. Ein Hörgerät ist jedoch nicht notwendig, da das Gehör noch so gut ist, dass sie die berühmte Stecknadel fallen hören könnte, jedoch unter einem lästigen Dauertinnitus leidet. Zur gleichen Zeit fand sie Trost bei ihrer besten Freundin, die viele Jahre ihre Helferin war und ihr Zuflucht gebot – sowohl in materieller als auch seelischer Hinsicht. Die Geschichte endet praktisch mit der Flucht in die Stadt, in der sich die Protagonistin eine Wohnung anmietet und erst einmal ein Jahr lang keinen Kontakt zu ihrer Familie hält, aber dafür zu ihrer Freundin. Beide Frauen gehen jahrelang durch dick und dünn und die Protagonistin befreit sich immer mehr von den alten Zwängen.

Beruflich koppelt sie sich ab, weil sie nach der familiär erzwungenen Ausbildung im hauswirtschaftlichen Bereich, nach fünf Jahren sinnfreiem Umherstreifen in Zeitarbeitsfirmen, Nebenjobs und Arbeitsamt, eine Umschulung zur Kauffrau für Bürokommunikation begann. Trotz der Chance dieser Ausbildung gab es Probleme im

Unternehmen, denen die Protagonistin nicht gewachsen war. Das Ausbildungsverhältnis endete zwar mit ihrem Abschluss, doch nur wenige Monate später brach sie, wie beschrieben, alle Kontakte zu ihrer belastenden Vergangenheit ab und hatte begonnen ihrem Traumberuf zu folgen, in dem sie nun ihren Lebensunterhalt verdient, womit sie weitaus zufriedener ist.

Kapitel 6

Resilienz-Tests und ihre Anforderungen

Psychische Widerstandskraft ist von vornherein etwas, was der menschliche Verstand lernen muss. Mit der menschlichen Entwicklung, je nach Umständen der Kindheit, wächst und gedeiht die Resilienz mit. Im Falle der in Kapitel 4 genannten Lebensgeschichte wird eine Protagonistin beschrieben, die in ihrer Kindheit und Jugend in ihrer Familie praktisch wie das fünfte Rad am Wagen behandelt wurde. In diesem Kapitel werden diverse Teile aus dieser Lebensgeschichte ausgewählt und analysiert, um ein besserer Verständnis für die Stärkung von Resilienz zu schaffen.

Im Grunde ist Resilienz eine authentische Vorgehensweise, um gegen Stress vorzugehen. Dies kann z. B. mit einem Test oder einer Diagnose herausgefunden werden, wofür u. a. Verhaltensweisen im Alltag beobachtet werden müssen. Dabei werden Stressoren und Faktoren der Resilienz praktisch beurteilt. Bei diesen Tests werden die Ausführungen der Verhaltensweisen mit einer passenden Stichprobe sowohl auf die Konsistenz, also die Widerspruchsfreiheit, sowie die Wirksamkeit und die Praxisrelevanz selbst überprüft – ein Prozess, der im wissenschaftlichen Bereich als Validierung benannt wird. Hierzu sind mehrere Gruppen an Personen vereint, die sich einer sogenannten Faktorenanalyse unterziehen. Somit kann eine empirische Ermittlung durchgeführt werden, die durch Resilienz-Faktoren, welche keinerlei hypothetischer Vorstellung folgt, ein Stärken-Schwächen-Profil erstellt.

Diese Art der Diagnose nutzt die Basis von funktionierenden Methoden zur Verstärkung der eigenen Resilienz; ein Ablauf, der auch unter dem Begriff „Interventionen" in der Wissenschaft bekannt ist. Doch auch in der Wissenschaft, gleich wie in der Medizin, ist der Grundsatz, dass ohne Diagnose, die unter Umständen mit einer funktionalen und seriösen Therapie gestellt wird, keine Aussage gemacht werden kann und darf.

Für den Test sind diverse Anforderungen vonnöten: die Resilienzfaktoren, die für den empirischen Nachweis gebraucht werden, um das Ausmaß der Resilienz wirklich aufzunehmen. Die Anforderungen des Tests sind also, dass dieser sowohl verlässlich als auch gültig ist (= Gütekriterien der Wissenschaft: Reliabilität, Validität und Objektivität). Jedoch sind Aussagen solcher Natur oftmals ohne Wert und überwiegend unbrauchbar. Innerhalb der Erforschung von Resilienz müssen die Tests ebenso spezifisch gebildet werden wie die Anforderungen wichtig sind. Dennoch müssen die Diagnosen solcher Tests eher kritisch bedacht werden, da trotz des wissenschaftlichen Hintergrundes keine vollständige und / oder seriöse Diagnose ausgesprochen werden kann.

Probleme, die aus diversen Tests solcher Art entstehen, sind beispielsweise, dass sie nicht auf die unternehmerische Praxis umzulenken sind, da sie eher für Menschen, die entweder eine bereits existente psychische Erkrankung haben, gedacht sind oder weil sie in der fachärztlichen Psychologieabteilung als reguläres Mittel angewendet werden. Zudem sind diese Tests meist nicht auf eigentliche Stressursachen konzentriert, sondern halten sich eher allgemein.

Ein Anstoß bei der Entwicklung solcher Testverfahren ist die Wirksamkeit neuer Testverfahren. Ein wesentlicher Bestandteil von Resilienz sind die kaum veränderbaren Charaktereigenschaften, gleichsam aber die schnell erlernbaren Fähigkeiten, die rasch zum Ziel führen. Für die Seriosität von Tests ist es erforderlich, sowohl Schwächen als auch Stärken einer menschlichen Persönlichkeit miteinzubeziehen. Diese werden dann in Verbindung mit diversen Stressursachen gebracht, welche entweder in beruflichen oder privaten spezifischen, stressgetränkten Situationen gleichkommen – Situationen, die der täglichen Organisation innewohnen. Fakt ist, dass Auswahlentscheidungen fast immer aus dem Bauch heraus getätigt werden, diese jedoch in solchen Testverfahren nicht so einfach übernommen werden und erweitert werden sollten, was insbesondere mit der Persönlichkeit selbst zusammenhängt.

Aus diesem Gedanken heraus tritt der zweite Schritt in Kraft, nämlich die Stärkung der Resilienz, welche sowohl für die Betätigung von beruflichen Aufgabenbereichen benötigt wird als auch im privaten Bereich dringend notwendig ist, um private Schicksalsschläge abwehren und verkraften zu können.

Leistungssteigerung, aber auch das Anwachsen von Zufriedenheit sind die Folge, wobei dies nicht mit Versöhnung vertauscht werden darf. In der Testentwicklung sind ebenso die Charaktereigenschaften, wie die Entwicklung von Kompetenzen, Ursache der Organisation und Führung, von Relevanz.

Übung: Stärken-Schwächen-Profil erstellen

Um die eben dargelegten Ausführungen selbst einmal anzuwenden, bitte ich Sie in der nachfolgenden Übung, offen und ehrlich zu notieren, worin Sie Ihre Stärken und Schwächen sehen. Diese Auslistung könnte Aufschluss darüber geben, inwiefern Sie resilient sind.

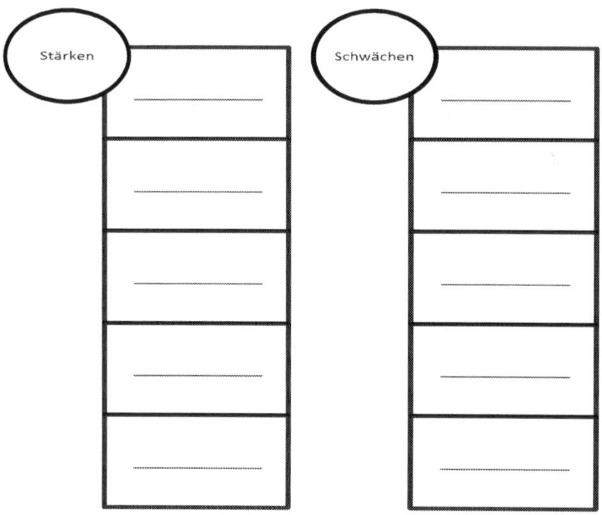

Kapitel 7

Die eigene Resilienz stärken

Die Frage nach der Stärkung der eigenen Resilienz, um diverse Lebensumstände zu überwinden, hängt mit verschiedensten Tipps zusammen. Innerhalb der Forschungszeit zum Thema Resilienz wurden sowohl eher nutzlose als auch nützliche Varianten herausgefunden. Die Stärkung der Resilienz wird mit dem Musterbeispiel und daraus abgeleiteten kleineren Ausschnitten des Lebens der Protagonistin aus Kapitel 4 begleitet. Zunächst werden im Folgenden Tipps aufgeführt, die in den gängigen Boulevard-Medien häufig Anwendung finden, jedoch für die Weiterentwicklung von Resilienz zumindest fraglich bzw. kritisch zu betrachten sind. Daher stelle ich zunächst die Tipps vor und zeige weitergehend auf, warum diese weniger brauchbar sind. Im Anschluss an dieses Kapitel zeige ich Ihnen andererseits auf, welche Tipps wahre Wunder bewirken können, wenn sie entsprechend der Ausführungen beachtet werden.

Die Bewusstmachung von früheren Stärken ist in dem Sinne genauso unwirksam wie die alten Ängste zu akzeptieren und Krisen fixierter wahrzunehmen, oder aber Phasen im Veränderungsprozess auszukosten und damit ein funktionales Selbstmanagement durchzuführen. Anhand des Beispiels ist dies in dem Sinne nicht besonders intelligent, da die Protagonistin durch die gesamten Widrigkeiten, wie der psychischen Gewalt Zuhause und der Diskriminierung im Beruf, vermehrt in ihre damalige Schwäche eintauchen müsste: die Schwäche, die sie zwang, sich zurückzuziehen, sich zu verstecken und zu stehlen, um zu überleben. Der Faktor der Akzeptanz der eigenen Angst ist genauso nutzlos, da sie die alten Ängste bereits überwunden hat und das Zurückdenken ohnehin nur alte Wunden aufreißen würde, was wiederum zu großem seelischem Schaden führt.

Auch die Wahrnehmung der Krisen, in welchen sie sich damals befunden hatte, ist auch nur rückwirkend funktionierend und gleichsam belastend für die Psyche. Damit ein effektives Selbstmanagement zu betreiben, ist sowohl schwer als auch unmöglich für die Protagonistin, was am Beispiel aus ihrer Zeit, in der sie gezwungen war Zeitarbeitsfirmen aufzusuchen, um aus den damaligen Verhältnissen ausbrechen zu können, zu erkennen ist. Der Unterpunkt „frühere Stärken bewusst machen“ ist, bezogen auf die lang unterdrückte Entwicklungsphase der Protagonistin schwer zu begreifen und durchzuführen, denn frühere Stärken gab es in dem Sinne kaum. Sie hatte viel Freude daran, ihre Fähigkeiten für ihren großen Traum auszubilden und fand ebenso viel Spaß daran, alte Bücher aus der Bibliothek auszuleihen und damit immer wieder kleine Schritte in Richtung Selbstständigkeit zu gehen, indem sie ihr größtes Talent nutzt.

Dennoch halfen diese kleineren Schritte, wie das Lesen von Schriften, welche natürlich das Strahlen in die Augen der Protagonisten brachten, oder das Schreiben dieser uralten Schriften, was eine gleiche Folge mit sich zog, kaum über die überwiegenden Probleme hinweg. Zum Ende hin war nur noch die Flucht eine Option für die Protagonistin. Da die Ausbildung von früheren Stärken eher kläglich war, ist dies allein schon ein Grund, diese Option als unnütz abzutun. Dies lässt sich damit begründen, überwiegend die besondere Fähigkeit mit sich trug, mit Wort und Schrift adäquat umzugehen. Daran anknüpfend lassen sich keine Fähigkeiten wiederfinden, die beispielsweise im handwerklichen Bereich vorzufinden sind. Diese Fähigkeiten sind zwar unersetzlich und dringend notwendig, dennoch sind sie eng verbunden mit seelischer Belastung und schwach ausgeprägter seelischer Widerstandskraft. Auch wenn diese Fähigkeiten auf einem bröckeligen seelischen Untergrund entwachsen sind, sind diese noch immer kein Rückschluss auf frühere Stärken. Denn charakteristisch ist die Protagonistin in ihrer Jugend eher sehr schüchtern gewesen und hegte oft einen Fluchtcharakter in sich. Sprich, sie zog sich von ihrem gewalttätigen Vater zurück, von ihrer Schwester, die sie jahrelang mit lauter Musik folterte und von den allgemein widrigen Umständen in ihrem Elternhaus, welche sowohl durch große Probleme im finanziellen als auch im Arbeitsalltag ihren Ursprung finden – ein Ursprung, der sowohl das Oberhaupt der Familie als auch den Rest der Familie betraf und extreme Veränderungen mit sich brachte. Beispielsweise verwandelte sich der Charakter des Vaters in einen mürrischen, selbstsüchtigen alten Mann, der um Aufmerksamkeit buhlte. Bekam er sie nicht, wurde er wütend, abweisend und stur. Sein Jähzorn entlud sich stets auf die Protagonistin und ihrer Mutter.

Dies lässt sich mit dem Punkt „Angst akzeptieren" verbinden, denn die Angst vor dem eigenen Vater war so groß, dass die Protagonistin vor ihrer eigenen Familie floh. Nicht einmal in ihrem eigenen Zimmer war sie vor ihrem Vater sicher gewesen. Selbst dort bestand die Gefahr, dass er sie schlug und auch im Bad war er einfach hineingekommen und hatte sie angeschrien, was sie da täte. Die Folge dieser Angst war, dass sie sich in der Zeit, in der sie Zuhause war und noch keine Möglichkeit und kein Geld hatte auszubrechen, sich immer verstecken musste. Lediglich ihre Mutter wusste, wo sie sich vor ihrem Vater versteckte. Die Verstecke waren zudem sehr raffiniert, sodass niemand außer ihrer Mutter jemals hätte darauf kommen können. Beispielsweise versteckte sie sich in einem Zwischenraum in einem Zimmer, in dem ursprünglich ein religiöses Relikt gestanden hatte. Daran zurückzudenken und die heutige Entwicklung, mit ihrem Vater wieder auf einer Ebene sprechen zu können, außen vor zu lassen, ist kontraproduktiv und würde nur zum Ausbremsen der persönlichen Entwicklung der Protagonistin führen.

Auch das Wahrnehmen von Krisen ist anhand des ewigen Versteckspiels vor ihrem Vater und der Folter von ihrer Schwester kontraproduktiv. In der heutigen Entwicklung war das Verhältnis zu ihrer Schwester und ihrem Vater so stark ausgeprägt, dass sie nun über all diese Dinge hinwegsehen konnte und praktisch einen Neustart wagen hatte können. Auch war die Protagonistin zu der Hochzeit ihrer Schwester eingeladen worden. Zwar war dies nur die Folge von der Aktion der Protagonistin selbst, ihre Familie zur Hochzeit einzuladen und damit das Eis zu brechen, dennoch war dies ein notwendiger Schritt, um aus dem Teufelskreis herauszubrechen. Das Auskosten der Phasen im Veränderungsprozess selbst ist praktisch wieder der Eintritt in den alten Teufelskreis. Das lässt sich damit begründen, dass die alten Szenarien wiederaufleben könnten, würde die Protagonistin sich erneut in die alten Muster verstricken. Wenn man bedenkt, dass die Familie nur diese Probleme hatte, weil der Vater nicht mit der Belastung des landwirtschaftlichen Betriebes zurechtgekommen war, ist dies mehr als ungerecht. Durch all diese Umstände ein effektives Selbstmanagement zu tätigen, ist eher unwahrscheinlich. Ein solches Management ist nur in der Zeit nach dem Auszug und nach der einjährigen Funkstille zu ihrer Familie möglich.

Ein weiterer Aspekt sagt aus, dass der Betroffene das Vertrauen beherbergt, ein Licht am Ende des Tunnels abzuwarten, die eigenen Emotionen durch die ebenso eigene Haltung lenkt und sogar die eigene Gefühlsvielfalt erkennt. Dies ist vergleichbar mit kleineren Aktionen, mit denen angestrebt werden, Gefühle bei anderen herauszulocken. Im Falle der Protagonistin und dem familiären Beispiel kann bezüglich des Wartens auf das Licht am Ende des Tunnels behauptet werden, dass dies fraglich sei. Die Decke über den Kopf zu ziehen und einfach nur auf etwas zu warten, funktioniert weder in Geschichten noch im wahren Leben. Fakt ist, dass das Glück zwar da ist, aber immer etwas dafür getan werden muss. Im Sinne der Protagonistin kann behauptet werden, dass sie sich durch den Kontakt mit ihrer ehemals besten Freundin und dem kläglichen Versuch, durch Zeitarbeitsfirmen und Nebenjobs aus der Falle zu befreien, zwar harte Zeiten hatte, doch dies eben notwendig war, um aus der Situation herauszukommen. Beispielsweise wurde sie ständig nur als billige Hilfskraft missbraucht und ihre wahren Talente nicht im Ansatz anerkannt. Anstelle einer angemessenen Bezahlung erhielt sie nur einen Mindestlohn, was ebenfalls das Thema Motivation adressiert. Durch die widrigen Arbeitsumstände, das Mobbing und das wenige Geld war es noch einmal schwerer für die Protagonistin, dies überhaupt durchzustehen. Hätte sie sich nur hingesetzt, geträumt und auf den weißen Ritter am anderen Ende des Tunnels gewartet, so wäre sie wahrscheinlich noch immer Zuhause und hätte nicht einmal ansatzweise eine aussichtsreiche Zukunft gehabt.

Der Punkt, die Emotionen zu nutzen, um die eigene Haltung zu lenken, ist genauso fraglich. Betrachtet man die psychische Verfassung der Protagonistin, so fallen mehrere gravierende Dinge auf. Allein die tiefsitzende Angst vor ihrem Vater sorgte dafür, dass ihre psychische Stabilität sehr weit unter dem Nullpunkt lag. Damit auftretende Emotionen hätten eher für Probleme gesorgt, als diese zu beseitigen, sowie auftretende Emotionen wie Angst, Abscheu, Hass und Trauer. Doch auch die tiefgreifende Verletzung, aus der all diese Emotionen entspringen, ist negativer Natur; Gefühle negativer Natur führen wiederum zum Teufelskreis zurück. Wenn die Protagonistin sich ihren alten Gefühlen hingäbe und damit in alte Muster verfallen würde, würde sie nur erneut in den alten Teufelskreis verfallen und damit alles zunichtemachen, was sie sich aufgebaut hatte. Hier kann insbesondere das Verhältnis zum Vater aufgeführt werden.

Die Angst, die sie vor ihm hat, die Wut, die sie ihm gegenüber aufgebaut hat, und die Verzweiflung, die sie empfindet, wenn sie sich ihm anvertrauen müsste, sind stark genug, um vorstrukturierte Lebensmuster zu brechen und würden unweigerlich zu einer intensiven psychischen Erkrankung führen. Das Wahrnehmen der eigenen Gefühlslage von früher besitzt gleichsam schwerwiegende Folgen. Würde die Protagonistin all diese Emotionen erneut wahrnehmen, wäre sie für ihr Leben gestraft und gefährdet. Das mangelnde Vertrauen, das sie durch die jahrelange psychische Misshandlung aufgebaut hatte, welches sich in ein Misstrauen verwandelt hatte und auch heute noch dafür sorgt, dass die Protagonistin mit ihrem Vater und ihrer Schwester nicht einmal im Ansatz über wirklich persönliche Dinge sprechen lässt, ist als negative Basis geblieben. Würde sie erneut die panische Angst, die Abweisung, die eigene Zurückhaltung und die Verzweiflung wahrnehmen, so würde nur der Teufelskreis erneut beginnen, gleichsam die bisherigen Erfolge mit ihrer Familie zerstören und jeglichen erneuten Versuch in die Ferne rücken lassen. Der Punkt, die Gefühle anderer mit kleineren Aktionen zu stärken, kann im Beispiel der landwirtschaftlichen Arbeit beschrieben werden. Jedes Jahr hatte die Protagonistin Holz gehackt, um den Nachschub für den Ofen zu halten. Wenn sie diese oder eine andere Tätigkeit erledigte, besaß sie für den Moment die Anerkennung ihrer Familie, doch nur eben, weil sie diese Tätigkeit übernommen hatte.

Das bedeutet, dass sie versuchte, mit Arbeit die Gefühle ihrer Familie positiv zu beeinflussen, was allerdings keineswegs zielführend und wirksam war. Fakt ist, dass letztendlich nur ihre Arbeitskraft zählte und jedes andere Familienmitglied sie nur deswegen kurz akzeptierte, um sie danach wieder fallen zu lassen. Dabei handelt es sich um ein Verhalten, welches nachhaltig die Psyche schädigte, nicht in dem Sinne, dass sie nun in einer psychiatrischen Einrichtung ihre Zeit verbringen musste, sondern, dass es schwer gemacht wurde, sich ein zukünftiges, friedliches und glückliches Leben zu ermöglichen. Es ist demnach schlicht nicht möglich, so klein und erwünscht diese Aktionen sein mögen, erhoffte Gefühle von anderen stärker werden zu lassen – Gefühle, die auf einer anderen Basis wachsen müssen, um gesund und fruchtbar sein zu können.

Der nächste Punkt, einfach so zu tun als wäre nichts, wegzugehen, einfach etwas trinken zu gehen und belanglos über diverse Dinge zu reden, ist im Beispiel der Protagonisten nicht durchführbar, weder zielführend noch positiv in der Beeinflussung. Der psychische und seelische Schaden der Protagonistin ist so extrem, dass sie dies einfach nicht tun kann und in der Folge, die sie gezogen hatte, fast alle Kontakte aus ihrer Vergangenheit abgebrochen hatte. Zwar hatte sie nach einem Jahr wieder den Kontakt nach Hause geknüpft, doch nur sporadisch zu ihrer Mutter, die mit ihr in einem Leidensboot saß und es heute noch tut. Für die Protagonistin war es schon schwer genug, mit all diesen Gefühlsfluten fertig zu werden und überhaupt das Einverständnis zu geben, um ihre Familie zur Hochzeit einzuladen. Letztendlich schaffte eine sehr gute Freundin es, sie zu überreden, indem sie ihr riet, die Einladung auszusprechen – sei es nur, dass sie sich keine Vorwürfe für die Zukunft anhören müsste. Fakt ist, dass unverarbeitete Gefühle einen immensen Druck auf die Seele haben und der Mensch generell als soziales Lebewesen stetig den Austausch benötigt, was die sozialen Medien deutlich beweisen. Es ist also nicht möglich, sich in eine Bar zu setzen und „einfach" etwas zu trinken.

Das Besinnen auf die eigene Stärke ist in dem Sinne kontraproduktiv, weil zur damaligen Zeit kaum eigene Stärken vorhanden waren. Wie also sollte sich die Protagonistin auf die eigene Stärke besinnen? Negative Gefühle sind nicht nur äußerst belastend und ermüdend, sondern wirken sich intensiv auf die Mentalität des Betroffenen aus – ein Punkt, der allein schon von sich aus verhindert, dass die Protagonistin die Gewalt, die sie Zuhause erfuhr, überwinden konnte. Ihre Kraft gewann die junge Frau damals allein dadurch, dass ihre beste Freundin sehr gute Familienverhältnisse hatte und ihr immer unter die Arme griff. Das Besinnen der eigenen Stärke war dahingehend eher nicht möglich, weil sie sich allein nie aus der Falle hätte winden können. Ohne den Zuspruch und die jahrelange Unterstützung, sei es nur die Flucht vor ihrem eigenen Zuhause gewesen, wäre sie schon früh untergegangen. Dennoch brachte sie ihre eigene Stärke auf und schaffte es mithilfe ihrer Überzeugung endlich aus den Fängen ihres Vaters zu entkommen – auch wenn der Start sehr schwer war und ein einziges Schlüsselerlebnis sie dazu getrieben hatte, endlich auszuziehen. Dieses Schlüsselerlebnis war wieder eine Mobbingattacke ihrer älteren Schwester, die als die Protagonistin ihre Sachen für eine kurze Reise nach München, innerhalb dieser sie als Haushaltshilfe arbeiten musste, ständig ihre Koffer vor ihre Tür schob – und das nur, weil sie den eigenen Müll vor der Tür nicht hatte wegräumen können. Nachdem die Protagonistin aus München zurück war, hatte sie ihren Entschluss wahrgemacht und war in die nächstgelegene Stadt verschwunden, nachdem sie sich zeitweise Arbeit besorgt hatte, um den Zuschlag für die Wohnung zu bekommen. Kurz nach dem Auszug lernte sie dann viele neue Menschen kennen und auch ihren zukünftigen Ehemann, was ihr wachsend seelische Unterstützung einbrachte. Durch die räumliche Trennung, aber auch durch den einjährigen, abgebrochenen Kontakt schaffte sie es dann durch harte Einflüsse von außen langsam, ihren Schutzmechanismus abzubauen. Lange Zeit war sie auch arbeitslos gewesen, was eine Folge von ihren seelischen Belastungen war. Ein Mann sagte ihr in diesem Zusammenhang, dass ihre negative Stimmung zu spüren wäre und sie so nichts erreichen würde.

Diese Aussage kursiert noch heute im Kopf der Protagonistin herum und war ein gewaltiger Meilenstein für sie, diesen Teufelskreis der Unzufriedenheit und der Verzweiflung zu durchbrechen. Diese Aussage diente zu diesem Zeitpunkt bereits als Überleitung, die Einstellung der Protagonistin zu ändern – und zwar hin zum Optimismus. Befindet sich der Betroffene innerhalb des negativen Umfeldes, wird ausschließlich gemobbt, diskriminiert, erfährt keinerlei Lob und Zuneigung, ist es nahezu unmöglich Optimismus zu entwickeln. Mit Optimismus kann die Einstellung geändert werden. Menschen, die, wie die Protagonistin, aus schlechten Verhältnissen kommen, haben sehr schlechte Voraussetzungen, um aus diesem Sumpf herauszukommen. Dazu benötigt es von außen jemanden, der positiven Einfluss auf die Person ausübt und stets unter die Arme greift. Dies muss nicht immer nur finanziell sein, was auch eher kontraproduktiv ist. Vielmehr ist der seelische und psychische Beistand entscheidend, beispielweise durch das Anbieten eines Zufluchtsortes und dem Betroffenen mit eigener Unterstützung zu helfen. Insbesondere bei gewalttätigen Fällen empfiehlt es sich, Hilfe von diversen Institutionen in Anspruch zu nehmen. Im Falle der Protagonistin war es so, dass sie zu eingeschüchtert war, ihr wirkliches Ich entwickeln zu können und dass sie zudem durch die starke Eindämmung ihres Umfeldes übermäßig geschwächt war.

Die folgende Aussage wirkt äußerst verwirrend: Dieser Tipp besagt nämlich, dass der komplette Körper gescannt werden soll, um festzustellen, dass positive Gefühle mit einer Öffnung und einer Weitung eng verknüpft sein sollen. Damit ist gemeint, dass positive Energien den Körper positiv beeinflussen. In gewisser Hinsicht ist dies ineffektiv, da die Belastungen zwar seelisch sind und sich unweigerlich auch körperlich auswirken, doch mit der Weitung diverser Öffnungen nichts zu tun haben. Dennoch ist es ein Fakt, dass der Körper von der Psyche beeinflusst wird. Viele Menschen, auch die Protagonistin, sind sehr stressempfänglich und reagieren dementsprechend darauf. Manch einer bekommt Hautunreinheiten, andere leiden unter Herzrhythmusstörungen und wiederum andere haben Verdauungsstörungen. Die Liste der körperlichen Beschwerden ist schier endlos. Durch die angeborene Verknüpfung der Seele mit dem Körper sind viele Krankheiten auch seelisch bedingt, auch wenn man körperliche Anzeichen für eine Krankheit aufweist. Zunächst müssen somit die körperlichen Beschwerden geprüft werden, bevor sichergestellt werden kann, dass eine seelische Belastung existent ist. Sich rein auf den Körper zu konzentrieren oder diverse Öffnungen dafür verantwortlich zu machen, ist demnach nicht zielführend.

Nicht nur auf den Körper können sich diverse Tipps beziehen, sondern auch die Aussage, dass man vom Land des Lächelns eine Brücke, ausgestattet mit mehreren Stützpfeilern, die Insel der Tränen verlassen kann, wirkt zunächst fraglich. Einzig die Erklärung, dass dies mit dem Chakra der jeweiligen Person zu tun hat, liefert Erklärung. Die sieben Chakren, die die Verbindung zum Göttlichen schaffen, sind, wie später aufgelistet werden wird, für religiöse Menschen durchaus eine potenzielle Erklärung. Betrachtet man aber die Protagonistin in unserem Beispiel, müsste sie praktisch dies mit viel Optimismus verbinden. Daher klingt es mehr nach einer „magischen“ Philosophie als nach einem realen Tipp, der in der Realität durchführbar ist. Dennoch ist auch nicht zu leugnen, dass ein Lächeln den Tag bereichert. Wenn man auch nur ein nettes Wort oder eine nette Geste erhält, steht der Tag in einem besseren Licht. Vor allem die Protagonistin ist einer von vielen Menschen, die in einer schwierigen Lage war oder heute noch ist. Hierbei hilft nur der soziale Kontakt zu anderen Menschen, sei dies auch nur ein Ausflug zu einem Café, um dort einige nette Worte mit anderen Menschen zu wechseln. Isolation bei Problemen ist das Schlimmste, was der Betroffene sich antun kann. Dennoch ist die Isolation eines der ersten Dinge, die der Betroffene durchführt. Dies hängt oftmals damit zusammen, dass er sich schämt und ein geschwächtes Selbstbewusstsein hat oder sich schlichtweg nicht traut, weil Gewalt eine große Rolle spielt, sei diese körperlich, seelisch oder beides. Somit lässt sich dieser Gedankenpunkt vielleicht auf diese Philosophie hinführen.

Doch es gibt nicht nur die bisher unwirksamen Tipps, die von der Forschung in dieser Form widerlegt werden konnten – auch hilfreiche Tipps und Tricks sind vorhanden; Tipps, die jeder durchführen kann und die auch in jeder Lebenslage äußerst wirksam sind. Im Folgenden werden gute Tipps und Hinweise aufgeführt. Dabei geht es nicht nur darum, wie man wieder aus einer schwierigen Situation herauskommen kann, was durch eine starke Resilienz stets möglich ist, sondern was man durch psychische Widerstandskraft sogar schon vorbeugen kann – ganz im Sinne des Credos: Prävention vor Intervention.

Das richtige Umfeld

Zunächst ist das Umfeld des Menschen unbedingt zu beachten. Im Beispiel der Protagonistin, die hauptsächlich ihrer eigenen Familie ausgeliefert war und letztendlich nur noch Flucht- und Versteckgedanken aufgebracht hatte, Gedanken die ihre Chancen auf ein Entkommen aus dieser Situation stark gemindert hatten, kann genau betrachtet werden, inwiefern sich das soziale Umfeld auswirkt. In der modernen Zeit spielen vor allem Social Media eine tragende Rolle. Das Umfeld beginnt bereits mit der Geburt. Die enge Familie, die Mutter, der Vater und Geschwister sind die Ersten, die ein Kind sieht und erfährt. Sind bereits dann Probleme vorhanden, sind Schwierigkeiten im späteren Verlauf unvermeidlich. Viele Familien tragen Altlasten mit sich und übertragen diese auch auf ihre Kinder. Später kommt das Umfeld der Schule, des Kindergartens und des Studiums dazu; Freunde, mit denen man ausgeht und beispielsweise feiert. Jedes Mädchen hat nahezu eine beste Freundin, jeder Junge einen besten Freund. Im Laufe des Lebens werden alle Freundschaften auf die Probe gestellt, sei es das neue Mädchen in der Klasse oder der süße Junge aus der Parallelklasse. Die Protagonistin hatte schon seit Beginn sehr schwere Familienverhältnisse, die den gesunden Einstieg in die Gesellschaft von vornherein verhindert hatten. Lediglich eine beste Freundin aus der Schule, sprich Ihre einzige Freundschaft, blieb erhalten, zerbrach jedoch, als die Protagonistin sich entschied, ihre Vergangenheit endgültig hinter sich zu lassen.

Junge Menschen hängen sehr an ihrem Handy. Dies hat den Hintergrund, dass das Handy gleichsam Kommunikation und eine potenzielle Identitätsentwicklung mit sich bringt. Vor allem Flüchtlingskinder hängen sehr daran, weil es das einzige Mittel ist, um mit der Familie, die fern von der neuen Heimat lebt, in Kontakt zu bleiben. Besonders in der Entwicklung ist das Smartphone das Must-Have, denn es vereint alles, was junge Menschen sich wünschen, sprich sie vereinen alle Eigenschaften mit dem Handy. Allein die Kommunikation reicht nicht aus. Soziale Medien sind in dem Sinne wichtig, um von der Gesellschaft, Freunden und Familie Bestätigung zu erhalten. Vor allem das Beeinflussen der Gesellschaft kann sowohl positiv als auch negativ sein. Mobbing ist weit verbreitet und ist schnell über die sozialen Medien durchzuführen. Genauso wie Gewalt und die Bereitschaft dazu lassen sich neben den positiven Seiten des Handys feststellen. Das Umfeld ist somit äußerst wichtig, da Menschen soziale Wesen sind und zur eigenen Entwicklung soziale Kontakte benötigen. Die Suche nach dem richtigen Umfeld und toxische Freundschaften und Kontakte zu entfernen ist einer der ersten Schritte, die Betroffene anstreben sollten, um Ihre Resilienz zu trainieren und weiter zu wachsen.

Religion und Glaube

Religion nimmt in vielen Fällen noch immer einen großen Einfluss auf die Bevölkerung. Dies bedeutet, dass sowohl die Religiosität als auch der Glaube bei der seelischen Gesundheit eine intensive Rolle einnehmen können. Vor allem Menschen mit einem starken Glauben haben ein großes Vertrauen in eine überirdische Intensität, die über alles herrscht und schlimme Erfahrungen und Probleme verhindern oder zumindest schnell beiseiteräumen bzw. erklären kann. Die Frage nach dem Glauben ist heute jedoch sehr umstritten, denn die Kirche beispielsweise verliert immer mehr an Macht und Einfluss und die Austritte aus der Kirche sind tendenziell steigend. Junge Menschen meiden die Kirche und interessieren sich mehr für Social Media und andere Aspekte des sozialen Status. Vor allem ältere Menschen sind der Kirche und dem Glauben noch treu geblieben, so auch die Protagonistin. Aufgewachsen in einer Familie, die teilweise die alten katholischen Werte und Pflichten für sehr wichtig hält, verfügt sie noch immer über den Glauben, den sie seit ihrer Geburt mitbekommen hat, nur eben abgeschwächt und leicht verändert. Der Zwang, jeden Sonntag in die Kirche zu gehen, hatte bei ihr Widerstreben ausgelöst, und so hatte sie lange Zeit die Kirche gemieden und ihren Glauben auf ihre Weise ausgelebt. Die Protagonistin lernte, den Glauben zu nutzen und besser mit ihren eigenen Energien umzugehen. Für die Protagonistin ist der Glaube an die spirituelle Macht durch die Boten Gottes interessanter als der althergebrachte Vorgang in die Kirche zu gehen und dort jeden Sonntag der Messe beizuwohnen.

Fakt ist aber auch, dass für die Protagonistin der Glaube einer der Stützpfeiler war, der sie aus dem Sumpf der Verzweiflung geholt und sie immer wieder aufgemuntert hatte, dass es im Leben auch besser ginge. Dadurch schaffte sie es tatsächlich durch harte Arbeit und Durchsetzungsvermögen, aber auch durch den Verzicht, zu dem zu werden, die sie immer sein wollte: Ein freier Mensch, der sich nicht unterkriegen lässt und seine Träumen verfolgt. Durch ihren speziellen Glauben fand sie letztendlich den Weg zu ihrem Traumberuf und hat nun alles, was sie sich wünscht und braucht. Für viele Menschen ist der Glaube auch die Basis des Alltags. Man betrachte beispielsweise Muslime: Viele von ihnen beten aus Überzeugung fünf Mal am Tag und nutzen diese jeweiligen Minuten der Besinnung dafür, um Kraft zu tanken, die Außenwelt für einen Moment auszublenden und sich mit ihrem Schöpfer – Allah – stärker verbunden zu fühlen. Stimmt die Überzeugung, ist der Glaube stark genug, ob dies nun der muslimische, katholische, evangelische oder ein anderer Glaube ist, spielt hier keine Rolle, denn jede monotheistische Religion betet denselben Gott an, nur eben mit anderen Namen und Traditionen. Eine religiöse Überzeugung kann gefährlich werden, kann aber auch über vieles hinwegtrösten – und dazu kann in vielen Fällen ein einfaches, von Herzen kommendes und achtsames Gebet ausreichen.

Die Akzeptanz des Lebenswandels und der Umgang mit Krisen

Krisen sind ein stetiger Bestandteil des menschlichen Lebens, sei es nun ein Schicksalsschlag oder einfach nur tägliche, lästige Sorgen und Probleme. Im Falle der Protagonistin gab es eine ganze Reihe an Problemen und Schicksalsschlägen, denn durch die Trennung von der Öffentlichkeit hat sie auch heute noch keinen einzigen Account auf Social Media Plattformen. So war es auch besonders schwer für sie, Verbündete zu finden – Menschen, die ihr halfen über all diese Krisen hinwegzukommen, waren sehr rar gesät. Fakt ist, dass die Protagonistin sich zwangsweise den negativen Gedanken und Stimmungen hingeben musste und in eben solchen negativen Gefühlen versunken war – etwas, das einen Strudel gebildet hatte, dem sie nicht so leicht entkommen konnte. Allgemein ist es dringend notwendig, eine positivere Lebenseinstellung zu finden. Das Gespräch mit dem Mann, als sie frisch ausgezogen und auf der Suche nach einem passenden Job war, der sie zufrieden stellen sollte, war der Auslöser, um die Gedanken zu verändern. Über die Jahre begann die Protagonistin also eine lebensbejahende Einstellung aufzubauen, die ihre Zuversicht und ihre Hoffnungen auf eine bessere Zukunft weiterwachsen ließ. Dies ist auch eine Art Strudel, nur eben einer, der nach oben, also in die positive Richtung verläuft. Besonders ihre Versuche zu meditieren waren einer der ersten Schritte zu einer besseren Einstellung. Obwohl dies anfangs misslang, weil die Protagonistin innerlich zu unruhig gewesen war und noch immer hart mit ihren Dämonen gekämpft hatte, war der Versuch allein für sie ein winziger Meilenstein auf ihrem Weg der Besserung und Findung. Mediation ist generell für alle zu empfehlen, die ruhiger mit sich selbst werden wollen und durch das Finden des eigenen Ichs zu mehr Kraft und Widerstand gegenüber den Widrigkeiten des Lebens aufbauen wollen.

Auch ist es sehr positiv sich niemals von negativen Gedanken überrumpeln zu lassen und sich stetig an die eigenen Stärken zu erinnern. Dies geschieht automatisch, sobald man den Willen aufgebracht hat, aus dem Strudel der Resignation zu entkommen, den (auch inneren) Kampf aufzunehmen und allen anderen Beteiligten, die negativer Natur sind, die Stirn zu bieten oder einfach den Mut zu haben, zu gehen und alles hinter sich zu lassen. Wächst die Zuversicht, sind Krisen ein Relikt der Vergangenheit, welches zwar immer wieder aufbrüllt, doch durch einen gezielten Schlag wieder gebändigt werden kann. Durch den Wandel der Bevölkerung, immer mehr arbeiten zu müssen, ist uns bereits früh in die Wiege gelegt worden und uns freiwillig dem Stress auszusetzen und damit nicht nur den Körper, sondern auch die Seele zu schädigen. Durch das Annehmen des eigenen Lebenswandels ist es möglich, all diese gesellschaftlichen Einflüsse abzumildern und das Licht am Ende des Tunnels zu sehen: Die Kraft aufzubringen, immer weiter zu gehen und niemals aufzugeben, aber auch niemals zu vergessen, was man bereits geschafft hat. Diverse Methoden zur Unterstützung dieser Erinnerung sind immer vorhanden. Sei es nur das Schreiben eines intimen Tagebuches, ein Erfolgstagebuch oder Ähnliches. Die Protagonistin begann schon früh mit dem Schreiben und lernte es zu lieben. Somit hatte sie die perfekte Grundlage dafür, ihre Sorgen in Worte zu fassen und beim Zuklappen des Buches für einen Moment zu vergessen. Zwar schrieb sie nie auf, was sie an einem Tag sehr gut gemacht oder was ihr gefehlt hatte, da sie sich vermehrt auf ihre sehr ausgeprägte Fantasie verließ und somit Entspannung in ihren eigenen Geschichten fand, doch es ist eine ideale Entlastung, selbst für jemanden, der kaum Interesse am Schreiben hat. Vorteilhaft dabei ist es, all dies nachzulesen, sobald die persönliche Stimmung einmal abwärts verläuft. Die Erinnerung an die eigenen Fähigkeiten ist wirksamer als die Erinnerung an alte Krisen, die man überstanden hat, und gibt gleichsam die Fähigkeit, mit zukünftigen Widrigkeiten umgehen zu können, allein schon deswegen, weil dadurch die Fähigkeiten weiter anwachsen. Die Folge ist, dass Betroffene sowohl widerstandsfähiger als auch verantwortungsvoller werden: eine Kombination, die es schafft, die eigene Widerstandskraft so zu stärken, dass man allen Widrigkeiten mutig entgegentreten kann.

Der Glaube an die eigenen Fähigkeiten

Der Glaube kann bekanntlich Berge versetzen: Ein Spruch, der zu ganz und gar zutrifft. Am Beispiel der Protagonistin kann festgehalten werden, dass sie durch den gestärkten Glauben an ihre eigenen Fähigkeiten Glück und Zufriedenheit gefunden hat. Der lange Weg, ihr Handwerk zu verbessern, die Verarbeitung all ihrer Probleme und das Vertrauen in ihre eigene Kraft haben sie zu dem gemacht, die sie heute ist. Es darf jedoch nicht vergessen werden, dass ihr ohne die Hilfe von neuen Freunden und Bekannten, aber auch flüchtig bekannten Menschen dieses Glück womöglich nicht zuteil geworden wäre. Es besteht stets der Verweis auf das soziale Umfeld, welches eine so immense und wichtige

Kraft in sich trägt, dass eine Person entweder in ein tiefes Loch fällt oder aufsteigt wie Phönix aus der Asche. Sehen Sie sich nur einmal Filme an: Ein simples Beispiel sind Disneyfilme. Auch wenn diese Filme eine wahre und traurige Geschichte im Hintergrund besitzen, waren sie für die Protagonistin eine starke Stütze. Disneyfilme zeigen anfangs ein Problem, welches letztlich nur durch Freundschaft und Willenskraft gelöst wird. Dabei stehen Liebe und Freundschaft im Vordergrund, Mächte, die jeglichen Hass entbinden können. In den Filmen gewinnt immer das Gute und es wird immer der Zusammenhalt vermittelt. Auch lernen die Charaktere jedes Mal etwas über sich selbst und ihre eigene Kraft und schaffen es letztendlich ihre eigenen Fähigkeiten so auszubauen, dass sie am Ende zutiefst glücklich sind. Genau das sollte auch in der Realität geschafft werden. Nehmen Sie sich ein Beispiel an solchen Filmen, auch wenn sie Fantasie sind – ein Körnchen Wahrheit ist immer und überall dabei. Und ganz wichtig: Vertrauen Sie auf Ihre eigenen Fähigkeiten, so klein sie auch zunächst wirken mögen.

Hilfe annehmen

Die oftmals verzweifelte Suche nach einer Lösung kann den Kopf regelrecht zermürben. Viele Menschen sehen ein Problem und wissen nicht damit umzugehen. Es gibt Menschen, die eher positiv oder eher negativ gestimmt sind. Beide Menschentypen sind unterschiedlich in ihrer Einstellung. Der eine, der das Glas halb leer sieht, eher pessimistisch an die Probleme und Sorgen ran geht und damit eher resigniert, sollte verstärkt Hilfe von außen suchen.

Fakt ist, dass die Protagonistin im oben genannten Beispiel stets das Glück hatte, jemanden getroffen zu haben, der ihr immer in irgendeiner Art und Weise geholfen hatte. Ihre beste Freundin, der Mann aus der Fortbildung im Arbeitsamt, der, der ihr sagte, sie solle ihre negativen Energien in den Griff bekommen, oder der Nachbar, der ihr geholfen hatte, als sie in ihre erste eigene Wohnung gezogen war. Es gab immer jemanden und genauso wird es für jeden Menschen immer jemanden geben, der helfen kann, sei es ein Lächeln, welches Berge bewegen kann, oder auch nur ein gut gemeinter Rat vom etwas genervten älteren Herren an der Bushaltestelle. Es ist nie ratsam aufzugeben. Stets den Kampfwillen zu behalten ist die weitaus bessere Option. Bevor Sie eine unüberlegte Entscheidung fallen, sollten Sie darüber nachdenken, welche Folgen diese haben könnte. Denken Sie darüber nach, welche Folgen sie nicht nur für Sie, sondern auch für andere (direkt oder indirekt) beteiligte Menschen haben könnten. Unschuldige in eine Sache mit hineinzuziehen ist nicht nur falsch, sondern auch verantwortungslos – also das genaue Gegenteil von seelischer Widerstandskraft im Sinne der Verantwortung. Es ist auch sehr nützlich, alle erdenklichen Möglichkeiten durchzugehen und zu prüfen, welche Option zur Lösung des Problems am besten geeignet ist. Auch kommt hier wieder ein Buch zum Einsatz. Das Aufschreiben von Problemlösungen kommt auch dem Aufschreiben der eigenen Fähigkeiten gleich. Schreiben Sie beide auf, getrennt voneinander. Dies hat den Grund, dass Sie dann nicht im Falle der Erinnerungslücke an die Probleme erinnert werden, sondern an Ihre Fähigkeiten. Das Aufschreiben dieser Lösungen löst nicht nur die Gedanken, sondern gibt auch ein gutes Gefühl: ein Gefühl, das sich anfühlt, als würde einem ein riesiger Brocken von der Seele fallen. Allein schon deswegen, weil man es von der Seele geschrieben hat und weiß, dass es eine Reihe an Lösungsvarianten gibt, die man ausprobieren kann, sollten Sie es ausprobieren.

Nehmen Sie den Mut zusammen und versuchen Sie es, egal ob es ein Fehlschlag ist oder nicht. Geben Sie niemals auf, denn es gibt immer eine Lösung – auch wenn oftmals die letzte aller Lösungen der Abbruch der schädlichen Kontakte ist, was in vielen Fällen äußerst heilsam ist, wie Sie am Beispiel der Protagonistin lesen konnten. Selbst wenn Sie nicht der Typ Mensch sind, sich anderen anzuvertrauen, sollten Sie es zumindest einmal wagen. Es gibt nichts Besseres, als einfach mal eine Sache von der Seele zu reden, selbst wenn sie noch so banal ist. Fragen Sie Freunde um Hilfe und Rat. Wenn Sie dies tun, schlagen Sie zwei Fliegen mit einer Klappe, nämlich, dass Sie Hilfe bekommen und dass Sie herausfinden, welche Freunde Ihnen wirklich helfen wollen. Damit schließen Sie falsche Freunde aus, die Sie dann gleich auch aus Ihrem Kreis entfernen können. Es ist auch ratsam, angebotene Hilfe anzunehmen. Viele haben fälschlicherweise den Eindruck, dass das Annehmen von Hilfe eine Schwäche darstellt, weil es aufzeigt, dass jemand ohne eine andere Person nicht zurechtkommt. Doch genau Gegenteiliges ist der Fall: Nach Hilfe zu fragen und diese, wenn sie angeboten wird, anzunehmen, zeugt von Kraft und Einsicht, dass eine Situation allein nicht bewältigt werden kann. Hier kann auch professionelle Hilfe wahre Wunder bewirken. Daher sollten Sie diesen Punkt auch in Betracht ziehen, wenn Sie merken, dass Sie Ihr Problem allein und auch mit Ihrem sozialen Umfeld nicht gelöst bekommen.

Stress reduzieren

Stress ist, wie oben bereits beschrieben, sehr schädlich und führt zu intensiven Krankheitsbildern, die unter Umständen auch chronisch werden können. Eine tägliche Stressdosis ist allerdings bereits gang und gäbe in der heutigen Zeit, und es ist ein Luxus, Stress wirksam reduzieren zu können. Die heutige Stressdosis ist so hoch, dass eine dauerhafte Stressbelastung unweigerlich zu den oben genannten Folgen führt und damit auch die psychische Widerstandskraft in Gefahr bringt. Sinkt diese Kraft, verfällt der Betroffene in einen Kreislauf, der immer weiter in einer Abwärtsspirale mündet. Um Stress zu vermeiden, wäre es in manchen Fällen ratsam und sinnvoll den Job zu wechseln, denn viele Berufe sind sehr stressig (im negativen Sinne, also Distress) und machen nach vielen Jahren so krank, dass sogar der Körper davon betroffen ist. Betrachten Sie nur einmal den Arbeitsplatz eines Paket- oder LKW-Fahrers. Die Bedingungen, unter denen die Angestellten arbeiten, sind von diversen Gesetzesvorgaben belastet, was meistens nur kommerziellen Charakter hat. Sollten Sie also beispielsweise mit dieser Art von Arbeit nicht zurechtkommen, sollten Sie über einen Wechsel nachdenken.

Die Vermeidung von Stress ist im 21. Jahrhundert jedoch sehr schwer. Deswegen ist das Abschaffen von Stressfaktoren eine herausfordernde Angelegenheit. Beispielsweise könnten Sie sich von einer negativ wirkenden Freundschaft trennen, die ohnehin nur auf Oberflächliches wie Geld basiert. Sie könnten den Kontakt zu einigen Freunden abbrechen, mit denen Sie sowieso nur Streit hatten. Auseinandersetzungen sind immer ein großer Stressfaktor und sollten mit positivem Stress gleichkommen, was so viel bedeutet, dass es besser ist, auf der Arbeit oder anderweitig positiven Stress, indem Sie etwas erreichen wollen, zu nutzen. Damit sind Sie nicht nur viel gesünder, sondern auch viel effizienter. Doch da Stress nahezu unumgänglich ist, empfiehlt es sich, einige Maßnahmen zu ergreifen, um diesen wenigstens so weit zu reduzieren, dass der Gesundheitspegel weit unten im grünen Bereich bleibt und nicht über die rote Linie springt. Sie könnten beispielsweise meditieren oder sich einen Gegenstand suchen, mit dem Sie kneten oder spielen können. Dies kann ein spezieller Stressball aus dem Handel sein oder einfach nur ein Stück Schnur. Eine äußerst schlechte Angewohnheit ist es aber, an den Fingernägeln zu kauen, an der Lippe zu zupfen oder zu beißen, oder sich Wunden aufzukratzen, weil einem „danach" ist. Versuchen Sie solche Angewohnheiten zu vermeiden, indem

Sie sich anderweitig beschäftigen. Für andere Menschen um Sie herum sind vor allem Kaugeräusche, Tippgeräusche und weitere besonders lästig. Tun Sie dies, sorgen Sie für schlechte Stimmung in Ihrem Umfeld, wofür Sie gleichermaßen die positiven Energien Ihres Umfeldes zerstören. Suchen Sie sich Gegenstände und Beschäftigungen, die Stress abbauen, aber so, dass Sie sie ungestört ausüben können, ohne jemanden zu belästigen. Spiele wie auch beruhigende Musik sind eine gute Möglichkeit. Besuchen Sie einfach mal Y-ouTube und suchen Sie nach Entspannungsmusik. Dort werden Sie viele davon finden, auch solche, die teilweise über acht Stunden laufen. Die Interessen sind vielfältig, deswegen ist es für jeden die eigene Aufgabe herauszufinden, was seinen Stress abbaut. Manch einer spielt Konsolenspiele (was nur in einem gesunden Maß erfolgen darf), ein anderer wiederum backt einen Kuchen. Es gibt immer eine Möglichkeit, Stress zu reduzieren. Wenn Sie es können, vermeiden Sie ihn gänzlich. Leider sind Heimarbeitjobs immer noch eine Rarität und kaum von der breiten Masse anerkannt, was sehr schade ist, denn durch solche Beschäftigungen ist es sehr wohl machbar, im Bereich Arbeit zu entspannen.

Die eigene Krisenkompetenz erkennen

Mit Krisen umgehen zu können ist nicht nur Erfahrungssache, sondern auch eine Sache der Einstellung. Aus der Erfahrung heraus bilden sich diverse Vorgehensweisen, die mit steigendem Alter sehr wirksam und unterstützend sind. Nicht umsonst steigt mit dem Alter die Weisheit, auch wenn die Jugend schwindet. Das Erkennen Ihrer eigenen Krisenkompetenz ist in dem Sinne eine Bewährungsprobe, weil Sie diese erst in einer solchen Situation herausfinden, in der Sie sie tatsächlich brauchen. Dennoch können Sie dies bereits im Voraus erkennen und erarbeiten. Es ist eben nur ein langwieriger Prozess. Zunächst nehmen Sie sich ein Stück Papier und etwas zu Schreiben. Nun notieren Sie sich einige Fragen, die Sie ehrlich für sich beantworten.

„Welche Krisen, größere oder kleinere, haben Sie in Ihrem bisherigen Leben überwunden?"

Die Antwort auf diese Frage ist oft nicht so schnell gefunden, wie Sie vielleicht denken. Meistens hat man solche Dinge verdrängt und sich den schöneren Dingen des Lebens gewidmet. Im Falle der Protagonistin war die Verdrängung ein langwieriger Prozess. Das Rückrufen von diversen Krisen und ihren Einzelheiten würde praktisch nur wieder alte Wunden aufreißen und sie zur Resignation zwingen. Das Verdrängen an sich ist aus zweierlei Blickwinkeln zu betrachten. Zum einen ist es gut, diese Dinge zu verdrängen, wie im Falle des Beispiels, als die Protagonistin einfach den Kontakt für eine Weile abgebrochen hatte und dann all die negativen Dinge vergessen hatte. Auf der anderen Seite ist die Beschäftigung mit den vergangenen Krisen ein Problem für das Opfer, sodass es zu schwerwiegenden seelischen Belastungen kommen kann, welche wiederum die Resilienz stark absenken. Finden Sie die Mitte beim Rückbesinnen der vergangenen und überstandenen Krisen. Steigern Sie sich zu sehr in eine Krise hinein, so sind unnötige Belastungen nicht zu vermeiden und hindern Sie in der Bewältigung Ihres Alltags. Soweit Sie sich wohl fühlen und es ertragen, ist eine Rückbesinnung akzeptabel und hilft Ihnen sogar, die Lösungen für zukünftige Krisen und Probleme zu verwenden.

„Wie lautet Ihr Erfolgsgeheimnis, das Sie Ihrem besten Freund oder Ihrer besten Freundin raten würden?“

Haben Sie ein Erfolgsgeheimnis gefunden, um Ihre Sorgen und Probleme zu lösen, überlegen Sie doch einmal wie, Sie dieses Ihrem engsten Vertrauten erzählen würden. Sprechen Sie darüber, festigt sich dieses Geheimnis noch mehr. Zudem erhalten Sie Feedback darüber, wie Sie dieses unter Umständen sogar verbessern können. Vielleicht laden Sie Ihren engsten Vertrauten zu sich nach Hause ein und erzählen es ihm oder ihr geradewegs heraus. Alternativ können Sie es ihm zeigen, indem Sie ihm oder ihr bei einem Problem helfen und Ratschläge geben. Kommunikation erfolgt auf vielen Ebenen und wird unterteilt in Körpersprache, mündliche und schriftliche Ausdrucksweise. Vielleicht schreiben Sie auch ein Buch oder einen Brief, um Herr Ihrer Gedanken zu werden. Doch vermeiden Sie, wenn es etwas Intimes ist, unbedingt Social Media, denn diese Plattformen neigen dazu, selbst nach gesetzlichen Bestimmungen noch immer Daten zu stehlen und diese teils zu missbrauchen. Allein der Gedanke daran, dass jemand die eigenen Daten missbrauchen könnte, ist schon erschreckend genug.

Öffnen Sie sich Ihrem Freund oder Ihrer Freundin und tauschen Sie sich aus. Dies gibt nicht nur neuen Input, sondern hilft Ihnen auch, besser über Erlebtes nachzudenken, ob diese Lösung auch wirklich wirkungsvoll ist. Im Falle der Protagonistin ist es die beste Freundin, die mit ihr durch dick und dünn gegangen war. Sie hat sie vor der Willkür ihrer Familie beschützt, indem sie ihr nicht nur kurzfristig Obdach gegeben, sondern auch mit Rat und Tat zur Seite gestanden hatte. Achten Sie auch auf die Qualität Ihrer Freundschaft. Überlegen Sie gut, wem Sie etwas anvertrauen und warum. Das ist in dem Sinne wichtig, weil Ihr vermeintlicher Freund Ihnen womöglich einen Strick aus den gegebenen Informationen drehen könnte: etwas, das in einer besonders sensiblen Phase, wie der Bewältigung einer Krise, sehr hinderlich wirken kann.

„Was haben Sie aus / von der Krise gelernt?"

Was könnten Sie heute nicht so gut, wenn diese Krise nicht passiert wäre? Der Mensch wächst mit den Herausforderungen. Was haben Sie gelernt? Was hat Sie stärker gemacht? Im Beispiel mit der Protagonistin war praktisch ihre gesamte Kindheit ein riesiger Lernprozess. Bereits früh musste sie Lektionen lernen, wie man hart arbeitet. Menschen sind soziale Wesen und brauchen die Zustimmung und Bestätigung von anderen. Deswegen ist es auch so hart, wenn man keinerlei Verständnis und Zustimmung erhält. Dies lockt die Reaktion hervor, sich mehr anzustrengen und sich diese gewünschte Anerkennung zu verdienen. Genau das hat die Protagonistin über die Jahre versucht. Sie hatte durch die jahrelange Abweisung und den stetigen Mangel gelernt, sich den Widrigkeiten des Lebens zu stellen, innere Stärke zu finden und sich gegen ihre inneren Hindernisse zur Wehr zu setzen. Betrachten Sie nun einmal Ihre eigene Vergangenheit und denken Sie an Folgendes:

1. Was haben Sie heute erreicht?
2. Sind Sie, wie gewünscht, Abteilungsleiter oder noch immer in derselben Stelle, was Sie zu verhindern versuchen?
3. Haben Sie schon Kinder?
4. Haben Sie beispielsweise eine Fähigkeit entwickelt, von der jeder dachte, dass Sie sie nicht haben könnten?

Insbesondere unter Druck können viele effektive Fähigkeiten entstehen, was aber nicht selbstverständlich und erst recht kein Selbstläufer ist. Einerseits ist dies gut so, denn Fähigkeiten und Umstände sollen nicht durch stressbehaftete Faktoren entstehen, es sei denn, es ist guter Stress, der Sie beispielsweise im Job weiterbringt. Es lohnt sich immer, einen für Sie angenehmen Rückblick vorzunehmen, nur so weit, dass Sie nicht an völlig unangenehme Dinge erinnert werden. Dies birgt den Vorteil, dass Sie sich daran erinnern, dass Sie eben durch diese Widrigkeiten des Lebens die heutigen Fähigkeiten ausgebildet haben und damit einen großen

Schritt in ein glückliches Leben gemacht haben. Stellen Sie sich nur einmal vor, was gewesen wäre, wenn Sie eine gemachte Erfahrung verpasst hätten. Dies hätte sicherlich immense Auswirkungen auf Ihr heutiges Glück, selbst wenn diese Erfahrungen in dem Moment negativ waren, können Sie andererseits dennoch dankbar sein, so wie es die Protagonistin des Beispiels ist. Auf diese Weise hat sie eine starke Persönlichkeit entwickelt und steht nun fest da, wo sie gern sein möchte – etwas, das sie ohne diese Erfahrungen wohl nie erreicht hätte. Dankbar meint in diesem Zuge jedoch nicht das Befürworten von negativen Ereignissen, sondern allen voran das Akzeptieren der Geschehnisse und das Vertrauen in den Prozess Ihres Lebensweges.

Nun folgen die Übertragung und Anwendung all dieser Strategien auf momentane Krisensituationen. Da Sie nun gut reflektiert haben, welche Erfahrungen Sie gemacht haben, inwiefern sich diese Erfahrungen auf Ihr heutiges Leben auswirken und wie Sie diese im Austausch mit anderen noch verbessern können, überlegen Sie nun weitergehend, inwiefern Sie genau diese Strategien auf aktuelle Probleme lenken können. Viele Probleme sind ähnlich in ihrer Entstehung. Denken Sie nur an die Grundsätze. Warum sollte jemand Ihnen

Probleme bereiten? Sicher, jemand kann Sie nicht leiden oder Sie haben ihm etwas angetan, was er oder sie Ihnen nicht verzeihen kann. Doch in solchen Fällen hilft oftmals ein offenes Gespräch. Wenn man dadurch nur einen lebenslangen Frieden bewirkt, ist dies bereits viel wert. Bitte halten Sie immer einen offenen Umgang mit Ihren Mitmenschen, sofern es möglich ist, denn Lügen und Geheimnisse, die als Keim anderen Schaden zufügen, sind in fast allen Fällen Auslöser für Streit und Missgunst. Auch nimmt Geld einen großen Kern im Streitfall ein. Doch dabei ist das Geld nicht das eigentliche Problem, sondern eher der Umgang mit und das Denken an Geld.

Was ist Geld überhaupt? Geld ist ein Mittel, ein einfaches Mittel zum Zweck – ein Mittel, welches als Ansporn sowie als Rückzugsgrund und ein Grund zur Verzweiflung angesehen wird. Wieso verteufelt der Mensch das Geld so sehr? Damit meine ich nicht, dass Sie fortan Sympathie für ein Stück Papier oder eine Münze entwickeln sollen. Es geht vielmehr darum, dass Sie verstehen, dass Geld in Ihrem Kopf ist, genauso wie Gefühle und alles Weitere in Ihrem Kopf projiziert wird. Die Unterscheidung von Gut und Böse findet lediglich im menschlichen Gehirn statt. Damit wird Geld häufig als Sündenbock genommen, so auch von der Protagonistin des Beispiels. Auch sie verteufelte das Geld und gab ihm für alles, was ihr im Leben an schlimmen Dingen geschehen war, die Schuld. Doch Geld kann kein Sündenbock sein. Fehlt es, kann keine Gesellschaft existieren, und zwar, weil einfach kein Antrieb da ist. Dies allein hängt aber nicht mit dem Geld als Mittel zusammen, sondern mit der Gier des Menschen. Schon vor Jahrtausenden war die Gier nach Gold und Materialien sehr groß. Jeder wollte etwas haben und gönnte dem anderen nichts. Auch kann es nicht funktionieren, dass Geld gleich verteilt wird. Selbst wenn am Anfang jeder dieselbe Menge hat, wird bald schon wieder eine Ungleichheit herrschen, denn die meisten Menschen können nicht mit Geld umgehen. In der Herstellung kostet ein 500-Euro-Schein genauso viel wie eine Münze. Nur der gedankliche Wert liegt eben bei 500 Euro, während die 1-Cent-Münze als eher minderwertig anerkannt wird. Fakt ist, dass die Gier nach Besitz, die Gier nach Macht dafür verantwortlich ist, dass es soziale Ungleichheit gibt und damit auch für Probleme sorgt. Reflektieren Sie, ob Sie zufrieden sind: Mögen Sie Ihre Arbeit? Reicht die Bezahlung aus? Sind Sie glücklich mit Ihrem Umfeld und Ihrer Familie? Arbeiten Sie nicht an den materiellen Dingen, denn diese werden gerne als Vorwand für die eigentlichen Probleme verwendet: Nämlich der Wunsch nach Liebe und Aufmerksamkeit.

Talente, Fertigkeiten und Kompetenzen bewusster machen und weiter ausbauen

Dass Sie sich Fähigkeiten bewusster machen sollten, haben Sie bereits weiter oben gelesen. Doch nun fragen Sie sich womöglich, wie Sie hierbei vorgehen sollen. Es ist nicht so leicht wie es klingt, sich seiner eigenen Talente, Kompetenzen und Fähigkeiten bewusst zu sein. Diese sind meistens so tief im Inneren verborgen, dass Sie entweder gar nicht oder nur sehr spät zur Geltung kommen. Im Falle der Protagonistin war die harte Lebensweise, die sie zuhause erfuhr, einer der Auslöser, um ihre Talente herauszufinden. Doch nicht nur schlimme Lebensumstände und Schicksalsschläge sind Auslöser für solch wirkungsvolle Entdeckungen. Die Entwicklung der Talente, Fertigkeiten und der Kompetenzen fängt bereits früh an. Schon im Kindesalter, direkt nach der Geburt, ist diese Entwicklung im Gange. Selbstverständlich sind die Gene auch ein Punkt, auf den Sie gedanklich eingehen können. Diese sind mitverantwortlich für die Interessen und Entwicklungen eines jeden Menschen. Betrachten Sie beispielsweise, wie schnell Kinder lernen und wie sie alles ausprobieren. Kindliche Neugierde ist ein Gut, welches niemand bis ins hohe Alter verlieren sollte, denn mit kindlicher Neugierde ist das Lernen von Neuem, wie z. B. Sprachen, Bewegungen, Koordination, Verhaltensmuster, Werte und Normen, so einfach wie das sprichwörtliche Kinderspiel. Hier können Sie sich vor Augen halten: Wie lernen Kinder Sprachen? Sie hören zu, reproduzieren Schritt für Schritt, machen viele Fehler, malen bzw. gestalten etwas, bis sie ab einem Punkt die Kompetenz soweit ausgereift haben, dass sie sie eigenständig umsetzen können. Bis ins hohe Alter wird das Sprachenlernen umgesetzt, da immer wieder Neues in das eigene Vokabular hinzukommt und die eigene, individuelle Sprache herauskristallisiert – in Abhängig von der eigenen Identität, Persönlichkeit und Erfahrungen wie auch Erlebnissen bzw. Geschehnissen.

Oft gehen Kinder auf eine andere Art und Weise an die Dinge heran. Wenn Sie wie ein Kind lernen können, sind Sie selbst bei schwierigen Sachverhalten bald ein Meister. Genau diese Kompetenz, wie ein Kind zu lernen, sollten Sie sich aneignen. Damit ist nicht gemeint, Naivität walten zu lassen, Klingelstreiche zu spielen oder Ähnliches. Es geht hierbei um die Art und Weise, eben völlig unvoreingenommen an die Dinge heranzugehen und diese einfach neutral zu hinterfragen, ohne Gut und Böse voneinander abzugrenzen, denn Kinder sind weder gut noch böse, genauso, wie alles andere auf dieser Erde.

Wenn Sie Ihre eigenen Fertigkeiten, Talente und Kompetenzen herausfinden wollen, können Sie beispielsweise einen Stift und einen Zettel nehmen. Seien Sie allerdings unbedingt zuversichtlich und optimistisch, denn eine positive Denkweise ist immer hilfreich, egal in welcher Situation Sie sind. Nun überlegen Sie (ähnlich wie im Kapitel zu Ihren Stärken und Schwächen), was Sie wirklich können.

1. Was sagen Ihre Freunde über Sie?
2. Was sagt Ihre Familie?
3. Sind Sie vielleicht ein guter Zuhörer?
4. Sind Sie ein toller Tänzer?
5. Mögen Sie es mit Zahlen zu jonglieren?
6. Schreiben Sie lieber?
7. Vielleicht sind Sie auch ein Genie im Bereich der Technologie und haben schon früh kleine Gerätschaften gebaut, die Ihre Eltern in Staunen versetzt haben?

Notieren Sie sich all diese Punkte, die Ihnen einfallen – ganz gleich, wie klein und unbedeutend sie sein mögen. Selbst, wenn es einfache Dinge wie Reinigungsarbeiten sind, die Sie gerne tun, oder ob es das Lernen von Sprachen ist, worin Sie in Ihrer Freizeit aufgehen. Nun unterteilen Sie dieses Blatt in drei Listen. Nehmen Sie eine für Beziehungen, eine für Freizeit und Hobbys und eine für den beruflichen Bereich. Teilen Sie auf, wohin Sie denken, dass diese Punkte Ihres Selbst dort Platz finden können.

Überlegen Sie auch, warum diese Punkte auf Sie zutreffen. Nun stellen Sie sich weitere Fragen:

8. Welche Fähigkeiten stehen mir in schweren Zeiten zur Verfügung?

Oder aber auch, ob Ihr Humor besonders anziehend auf der Beziehungsebene ist, egal ob dies nun im Job oder im privaten Leben ist. Überlegen Sie, ob Sie Eigenschaften wie Durchhaltevermögen an sich erkennen können oder ob Sie ein großes Pensum an Neugierde und Offenheit für neue Dinge und Erfahrungen haben. Lassen Sie sich Zeit zum Aufschreiben all dieser Punkte, denn unter Stress können Sie nicht viel erreichen. Nur, wenn Sie in einem ruhigen Moment sich selbst und Ihrer Selbsterkennung widmen, können Sie all diese erkennen. Probieren Sie auch ruhig einmal etwas aus. Belegen Sie Kurse, testen Sie verschiedene Sportarten, stöbern Sie in der Wochenzeitung in der Rubrik „Veranstaltungen“. Sie werden schnell merken, was Ihnen gefällt und was nicht. Haben Sie einmal etwas gefunden, so klein es auch erscheinen mag, tun Sie es solange sie wollen – selbst wenn es nur eine Phase ist, denn auch solche Phasen der Entdeckung sind ein Weg in die richtige Richtung.

Die Überprüfung der Realität

Wie bereits im Unterkapitel „Die Übertragung und Anwendung all dieser Strategien auf momentane Krisensituationen“ dargestellt, sind Krisen kein Produkt der Außenseite, sondern vielmehr eine Entstehung im Geiste des Menschen selbst. Innerhalb Ihres Lebens durchlaufen Sie viele Stationen. Sie lernen sich automatisch besser kennen, wenn Sie sich mit sich selbst beschäftigen. Dabei werden Sie feststellen, dass die Krisen, die Sie durchlebt haben und womöglich gerade durchleben, oft durch hohe Erwartungen und Perfektionsansprüche an andere und sich selbst entstehen. Sie entstehen durch Wünsche, Hoffnungen und Erwartungen. Mittlerweile ist es häufig der Fall, dass überall, wohin Sie gehen, immer mehr und bessere Leistung erbracht werden muss mit immer gleichem oder weniger Aufwand. Die Entscheidung, Arbeitsprozesse zu optimieren und immer mehr und mehr herauszuholen, ist schon fast krankhaft. Dies endet stets in einer Flut aus Stress und am Ende sogar meist in einem totalen Blackout. Warum glauben Sie, ist die Rate der Blackouts so hoch? In Japan starben über Jahrzehnte hinweg Menschen an Überarbeitung. Glücklicherweise wird dort endlich etwas dagegen getan, auch wenn die Mitarbeiter noch immer eine andere Denkweise haben.

Es werden sogar Tränen vergossen, wenn man die Arbeit nicht gut genug gemacht hat. Nun können Sie gerne hinterfragen, was es für Sie einbringt, Ihre wertvolle Energie in etwas zu lenken, das Ihnen kaum etwas einbringt. Begehen Sie nicht den Fehler und tun Sie nicht etwas, das Ihnen keine Freude bereitet, es sei denn, es ist eine Phase, durch die Sie gerade durchgehen müssen.

Bevor Sie sich in diverse Arbeitsprozesse stürzen, stellen Sie sich jeden Tag dieselbe Frage: Muss ich meine gesamte Energie in dieses Projekt / diese Sache lenken? Ist das nicht eher eine Zeitverschwendung, wenn ich nicht glücklich damit bin, dies zu tun? Helfen

Sie sich, indem Sie mit Ihrem Vorgesetzten und Ihren Kollegen regen Austausch halten. Besinnen Sie sich in einer ruhigen Minuten, ob Sie für den Tag nicht eine falsche Entscheidung für sich gewählt haben. Damit können Sie viel effektiver im Job etwas erreichen, womöglich sogar die Karriereleiter aufsteigen und im Privatleben aufgehen - einfach, weil Sie glücklicher sind, weil Sie eben Ihre Energien besser umlenken auf das Wesentliche und auf das, was für Sie persönlich zählt.

Auszeit nehmen und kreativ werden

Um gute Ideen zu finden, braucht jeder Mensch eine eigene Art und Weise dafür. Allein die Entspannung, um die Seele baumeln zu lassen, ist schon ein Grund, sich einmal die Zeit für sich selbst zu nehmen. Doch werden Sie in der Zeit, in der Sie sich eine Auszeit nehmen, auch gerne kreativ. Manchmal ist es einfach nur gut, auf dem Rücken auf einer Wiese zu liegen und nur den Himmel anzusehen, ohne sich von immer wiederkehrenden Gedanken oder dem Smartphone ablenken zu lassen. Vielleicht gehören Sie zu den Leuten, die einfach im Gras liegen wollen und den Wolken beim Vorbeiziehen hinterherschauen oder Sie lauschen dem Vogelgesang und genießen diesen gleichzeitig. Das alles kann sehr entspannend wirken, weil es hilft, Abstand vom Alltäglichen zu nehmen und sich selbst zu besinnen. Doch bedenken Sie, auf welche Weise Sie noch entspannen können. Mittlerweile gibt es auf YouTube oder diversen anderen Portalen entspannende klassische Musik, die sogar den eigenen Chakrafluss anregen soll. Am besten suchen Sie sich hier etwas heraus, das Sie persönlich anziehend bzw. ansprechend finden.

Die Protagonistin aus dem Beispiel hatte versucht zu meditieren, doch wenn Sie nur meditieren und eine innere Unruhe in sich halten, werden Sie kaum Erfolg damit haben. Wenn Sie generell keine Ruhe empfinden können, wählen Sie doch eine Sportart, mit der Sie gleichzeitig entspannen können, während Sie Ihren Körper trainieren. Sie können sich auch erst einmal auspowern und kommen dann zur Ruhe (was ohnehin empfehlenswert ist, da erst einmal der tägliche Stress abgeworfen werden muss). Sind Sie dann erst einmal entspannt, überlegen Sie, was Ihnen Spaß machen könnte. Mögen Sie es zu schreiben? Oder zu malen? Manch einer komponiert ein Musikstück, was eine ganz besondere Art der Kunst ist. Wussten Sie, dass Mozart und Co. einen himmlischen Ursprung haben? Sprich, dass Mozart für seine Kunst seine spirituellen Energien genutzt hat? Dann verstehen Sie vielleicht, dass es so unglaublich wichtig ist, ein gutes Umfeld zur kreativen Entfaltung zu haben und sich wohlzufühlen. Vielleicht wollen Sie einfach nur ein Paar Strümpfe stricken oder Sie lesen ein Buch. Das Handwerk ist auch ein kreativer Ausdruck, genauso wie Gartenarbeit und vieles mehr. Was auch immer Sie wählen: Es ist wichtig, dass es etwas ist, das Ihnen wirklich Freude bereitet.

Wenn es Ihnen keine Freude bereiten würde, kunstvoll zu kochen und es zu genießen, wie andere Ihr Essen loben, würden Sie es ohnehin nicht tun. Durch diesen kreativen Input lernen Sie genau das, was Sie brauchen, um Ihre Probleme zu lösen. Wie ein Sprichwort besagt: In der Ruhe liegt die Kraft. Beherzigen Sie dies und Ihre Ideen werden sehr schnell gedeihen – Sie müssen sich lediglich die Zeit nehmen, in sich zu gehen und auf sich selbst zu hören

Sich regelmäßig etwas Gutes tun

Sie freuen sich, wenn Sie ein Geschenk, eine aufmerksame Geste oder eine Gefälligkeit bekommen, nicht wahr? Fragen Sie sich mal, wieso andere Menschen dies tun. Sie wollen den sozialen Status aufleben lassen oder erhalten, oder aber einfach nur ihr Gewissen beruhigen. Da die Moral ja bereits früh in die Wiege gelegt wurde anderen zu helfen und zu teilen, besteht ebenso das Bedürfnis, selbst etwas Gutes zu empfangen. Bedenken Sie, dass jeder das Beste verdient hat und dabei in vielerlei Hinsicht auch Abstriche gemacht werden müssen. Vielleicht sind Sie Mutter und geben Ihrer Familie alles, was Sie haben: Ihre Zeit, Ihre Liebe und Ihre hundertprozentige Arbeitskraft. Wie oft sind Sie aufgestanden, um Ihren Kindern beim Einschlafen zu helfen? Das ist sehr kräftezehrend, doch Sie tun es gerne. Nur ist die Welt ohne Geben und Nehmen, welche das Gleichgewicht ausmacht, eher unzufriedenstellend. Doch es geht hierbei nicht um die soziale Ungleichheit im Allgemeinen, sondern darum, dass Sie sich, ob Sie nun Mutter oder einfach nur eine Freundin sind, etwas gönnen. Was würde Ihnen guttun? Was fehlt Ihnen am meisten? Der Mutter der Protagonistin beispielsweise fehlt es an sozialen Kontakten. Sie kommt nicht aus sich heraus und vereinsamt praktisch im Sumpf der negativen Situationen wie auch Emotionen. Dort wird sie erniedrigt und ausgenutzt. Doch sie kann sich nicht befreien.

Egal, wie sehr ihre Tochter versucht, sie dort herauszuholen, sie scheitert jedes Mal an der Zurückgezogenheit der Mutter, auch wenn diese rausgehen möchte. Gönnen Sie sich einmal ein Stück

Kuchen, auch wenn Sie vielleicht mehr Pfunde haben als andere. Es ist nur ein kleiner Luxus, den Sie sich gönnen. Oder sehnen Sie sich nach einer schönen Urlaubsreise? Dann sparen Sie sich Ihr Geld zusammen und buchen Sie sie. Fahren Sie aber auch dort hin, sonst haben Sie es umsonst getan. Etwas für sich zu tun wirkt befreiend und belebend für die Seele. Für viele Menschen sind beispielsweise Massagen in einer Therme sehr entspannend und werden sehr gerne angenommen. Finden Sie etwas für sich; auch wenn Sie finanziell nicht so gestärkt sind, können Sie sich bei Gelegenheit eine Kugel Eis holen. Lassen Sie sich nicht von negativen Stimmen abschrecken, die Ihnen einreden wollen, dass Sie erst einmal zusehen sollen, dass es Ihnen besser geht. Wenn Sie sich etwas gönnen, fühlen Sie sich besser; dann haben Sie mehr Energie, um aus Ihrer Situation und Ihren Tiefs herauszukommen. Sie benötigen hierfür nicht einmal viel Geld, denn es sind die oftmals besagten kleinen Momente, die das Leben so lebenswert machen. Eine Radtour mit Freunden kann beispielswiese oftmals mehr bringen als eine Shoppingtour, bei der Sie sich zwar das ein oder andere Kleidungsstück kaufen, aber danach das tolle Gefühl nicht nachhaltig haben. Bedenken Sie, dass materielle Dinge bei ihrem materiellen Wert bleiben und kein Ersatz für seelische Glückseligkeit sein können.

Ausstehende Entscheidungen endlich treffen

Das Treffen von großen Entscheidungen ist meist eine schwierige und herausfordernde Sache. Mal muss man die Umstände beachten, mal muss man die Gefühle und Bedürfnisse anderer, teils wildfremder Menschen mit einbeziehen. In unseren Entscheidungen werden wir daher von allen Seiten beeinflusst, allein schon, weil jeder seine eigenen Bedürfnisse erfüllt haben möchte. Gehen Sie nur einmal ins Kaufhaus und fragen Sie eine Freundin und eine Verkäuferin nach ihrem Rat zu einem Kleidungsstück. Was glauben Sie, raten Ihnen die beiden? Nun, die Freundin, wie auch immer sie zu Ihnen steht, wird Ihnen entweder gewogen sein und Ihnen eine ehrliche Meinung geben, oder Ihnen das sagen, was Sie hören möchten (auch wenn es nicht notwendigerweise Ihrer Meinung entspricht). Das bedeutet, je nach Interesse an Ihnen wird die Freundin Ihre Interessen durchzusetzen versuchen – genauso die Verkäuferin. Sie wird Ihnen natürlich das teure Kleid gut zureden wollen; es ist ja schließlich ihr Einkommen.

Also haben Sie wieder jemanden, der Ihnen etwas vorreden möchte und Ihre Meinung und Ihre Entscheidung beeinflussen will. Unserer Protagonistin wurden ihr ganzes Leben lang Entscheidungen vorenthalten, aber auch stark beeinflusst, wenn sie die Wahl hatte – eine äußerst beengende Situation. Wie würden Sie sich fühlen, wenn Ihnen jemand ständig einreden würde, wie Sie sich zu entscheiden hätten? Das verursacht Stress und Unzufriedenheit, auch deswegen, weil Sie sich in Ihrer wahren Freiheit, nach eigenem Willen zu entscheiden, eingeschränkt fühlen. Sie sind nur frei, wenn Sie wählen können, nicht, wenn Sie zu etwas überredet oder gezwungen werden.

Der alltägliche Stress hat meist einen weiteren Nebeneffekt, nämlich, dass die eigenen Entscheidungen von anderen Personen abhängig gemacht werden. Bleiben wir beim Beispiel der Verkäuferin: Sie möchten also ein Kleid kaufen und benötigen es gleich am selben Abend, weil Sie zu einer Party eingeladen sind und Ihr altes Kleid dem Trockner zum Opfer gefallen ist. Nun stehen Sie im Laden und überlegen, welches Kleid am besten zu Ihnen passt. Dazu kommt noch, dass Sie ständig im Hinterkopf haben, dass Sie sich bald entscheiden müssen, denn die Parkuhr läuft ab und Ihr Freund wartet bereits auf Sie. Es ist nur logisch, dass Sie durch all diese Einflüsse eine schnelle Entscheidung treffen müssen und die Verkäuferin dies natürlich ausnutzt, weil sie eben einen gewissen Profit erwirtschaften möchte. In dieser Stressphase schalten Sie ab und warten: Sie warten ab, ob nicht eine gute Lösung für Sie aufkommt. Anstelle einer Handlung lassen Sie sich unbewusst freiwillig von der Verkäuferin und Ihrer Freundin beeinflussen. Doch nicht nur die beiden sind daran beteiligt, dass Sie womöglich fixen Fehlkauf machen könnten, sondern auch das weitere Umfeld. Genau durch dieses Wirrwarr werden Ihre Sorgen und Probleme wachsend größer, nehmen Ihnen im selben Zuge die Bewegungsfreiheit und die Flexibilität, die Zeit so zu nutzen, wie Sie es bräuchten. Andere lassen Sie danach noch mit Allem stehen, häufig genau dann, wenn es ans Aufräumen nach der Party geht. Um dies zu umgehen, nehmen Sie eine Liste zur Hand. Diese Liste beschreiben Sie mit allen Entscheidungen, die Sie noch zu treffen haben. Seien diese für die anstehende Party oder beispielsweise beruflicher Natur. Egal was es ist, schreiben Sie es auf, so banal es auch klingen mag. Doch dann machen Sie bitte nicht den Fehler und übernehmen Sie sich. Zwar hilft es Ihnen ungemein all dies aufzuschreiben, doch dies dann auch noch alles an einem Tag zu machen, ist mehr Stress für Sie als Sie oftmals vertragen können.

Nehmen Sie sich kleine Schritte vor, sprich, wählen Sie eine Entscheidungsmöglichkeit aus, die Sie am meisten vor sich hergeschoben haben. Gehen Sie dabei jeden Tag an je eine kleine Entscheidung heran. Um sich das Vorgehen zu erleichtern, suchen Sie sich die leichten Entscheidungen zuerst aus, z. B., wenn Sie etwas besorgen wollen, welchen Gegenstand Sie kaufen, wie am Beispiel des Kleides ersichtlich. Danach können Sie weiter vorgehen. Dann können Sie z. B. überlegen, welche Partysnacks Sie zubereiten wollen. Wollen Sie Brotsnacks anbieten oder doch einen Kuchen backen? Dies ist ebenfalls eine Frage, die bereits im Voraus geklärt werden sollte. Gehen Sie dabei immer weiter – irgendwann haben Sie einen wirklich guten Überblick über die gesamte Situation. Wenn Sie am Ende, kurz vor dem Ereignis, auf Ihre Liste sehen, werden Sie feststellen, dass Sie sich besser fühlen, wenn Sie die ganzen abgehakten Punkte sehen. Allein das ist es bereits wert, etwas organisierter in den Alltag einzusteigen.

Das beschriebene Vorgehen ist im dargestellten Beispiel auf eine Party bezogen, lässt sich jedoch analog auf alle Lebensbereiche beziehen – ganz gleich, ob es sich um private oder berufliche Entscheidungen handelt.

Netzwerke und Beziehungen stärken und pflegen

Im Unterkapitel „Soziales Umfeld" wurde beschrieben, wie wichtig die Veränderung eines Umfeldes ist, sollte dies als schädlicher Aspekt in der psychischen Gesundheit ein Faktor sein. Es ist ein Fakt: Der Mensch braucht als soziales Wesen Freunde und Familie. Kommunikation ist essenziell und wird in immer intensivieren Formen mit Technologie unterstützt. Betrachten Sie nur einmal die Wichtigkeit des Smartphones – ein Medium, worauf mittlerweile große Teile des Lebens verlagert werden. Nicht nur, dass dieses Gerät den sozialen Status (sprich, „Sieh mein Handy an, dann weißt du, wer ich bin") ausdrückt, sondern es ist das Kommunikationsmittel Nummer eins geworden. Kindern und Jugendlichen ist das Handy so wichtig, dass es die größte Strafe ist, dieses ihnen wegzunehmen. Dies ist aber leider nicht nachhaltig effizient und führt eher zu Missgunst in der Beziehung zueinander. Soziale Beziehungen müssen so stark sein, dass Sie sprichwörtlich gemeinsam Pferde stehlen können. Die Qualitätsprüfung für Freunde und Bekannte ist bekanntlich auch nicht sehr leicht. Wollen Sie herausfinden, ob Sie sich auf einen Freund verlassen können, sollten Sie dies meist in einer krisenhaften Situation tun, denn hier zeigt sich oftmals, wie weit ein Freund für einen zu gehen bereit ist. Nachdem Sie vielleicht Ihr soziales Umfeld kritisch hinterfragen (mussten), ist es nun umso wichtiger, das neue Umfeld zu halten. Pflegen Sie die Beziehungen, sowohl neue Liebesbeziehungen als auch neue Freundschaften, gleichermaßen.

Auch auf der Arbeit sollten Sie unbedingt das positive Verhältnis wahren und sich auch auf sozialer Ebene arrangieren. Dabei nehmen Facebook und Co. immer mehr die Rolle des Vermittlers ein. Wie schnell haben Sie eine WhatsApp-Nachricht geschrieben? Wie schnell haben Sie Antwort erhalten? Innerhalb von Sekunden können Sie damit Ihre Kontakte pflegen. Doch nicht alle Menschen mögen Social Media. Es gibt Menschen, die sich lieber persönlich unterhalten und aufgrund von Datendiebstählen, Mobbing oder mangelnden Interesses an Social Media sich nicht damit beschäftigen. Dies hat nichts damit zu tun, dass solche Menschen keine Freunde haben – im Gegenteil: Solche Personen haben meist bessere Freunde als jene mit dem intensiven Interesse an Social Media. Es handelt sich nämlich häufig um Menschen, die diverse Bilder von Essen oder noch fragwürdigere Posts in ihren Account setzen. Wählen Sie Ihre Freunde gut. Vielleicht gehen Sie lieber einmal einen Kaffee trinken als über Facebook zu schreiben?

Sich treu bleiben

Den eigenen Wert zu kennen ist etwas, das den meisten von uns fehlt. Denken Sie in einer ruhigen Minuten nach, was Sie ausmacht. Wer sind Sie? Damit ist nicht Ihr Name gemeint, sondern das, was Sie als Person ausmacht. (Legen Sie an dieser Stelle gerne eine Lesepause ein und beantworten Sie diese Frage völlig unvoreingenommen und halten Sie die Antwort fest – ganz gleich, ob gedanklich oder auf eine schriftliche Weise).

Durch den Einfluss der Außenwelt, die stetig versucht Einfluss auf uns zu üben, ist es äußerst schwer geworden, man selbst zu sein. Sehen Sie sich nur einmal die Werbungen an: Nicht nur, dass eine genderspezifische Teilung allein schon für Unruhe und für starke Diskriminierung sorgt, die noch immer nicht beseitigt werden konnte, sondern auch der immense Druck von kommerziellen Werbungen dominiert. Was wollen Werbungen letztlich erreichen? Richtig: Ihr hart verdientes Geld, und hier kommt auch wieder das Geld in Spiel. Die Gier, den Besitz anzuhäufen, hängt sehr eng damit zusammen, dass man anderen etwas wegnehmen muss. Dies ist genau die Ungleichheit, von der wir bereits gesprochen haben. Allein durch diesen Willen, den eigenen Besitz auf Kosten anderer zu erhöhen, werden Menschen beeinflusst. Das neuste Make-Up, die schönste Frisur mit diesem Haarspray, das beste Waschmittel, um farblose Kleidungsstücke aufzuwerten – die Liste ist nahezu endlos.

Bedenken Sie auch, wie schwer es ist, vor allem für Kinder und Jugendliche, die genau in solch einer Konsumgesellschaft aufwachsen. Diese jungen Menschen werden regelrecht in eine verschwenderische Rolle gedrängt. Sie werden dazu gezwungen, schöner, schlanker und leistungsfähiger zu sein – dies gelingt durch unterschwellige Vermittlungen im Bereich der Kommunikation, denn Kommunikation ist auch das Vorleben von diversen Vorbildern – Vorbilder, wie Topmodels oder Stars, die nicht nur einen verschwenderischen Lebensstil vorleben, sondern auch immer schlank und schön sein müssen. Dies führt zu dem Tragen von oftmals mehreren Schichten aus Make-Up, um zu Verbergendes abzudecken. Junge Mädchen beginnen schon früh, sich zu schminken, weil sie es so vorgelebt bekommen. Doch die Realität sagt auch aus, dass die Haut im höheren Alter dadurch auch immer schlechter wird. Dies ist nur ein Beispiel, eine Denkrichtung, die die gesundheitsschädliche Entwicklung der Bevölkerung immer weiter vorantreibt. Glücklicherweise regt sich etwas in einigen Reihen, denn das Interesse an Naturheilmitteln, Bioprodukten und auch die Akzeptanz von Menschen, die ihre Individualität ausleben wollen, sich nicht vorschreiben lassen wollen, wer und wie sie zu sein haben, steigt kontinuierlich. Ein Beispiel: Alicia Keys, Superstar und eine Ikone in der Gesangswelt, hat sich vor einigen Jahren vorgenommen, sich nicht mehr zu schminken, weil sie dies damit begründet, dass Medien ein bestimmtes Bild von Frauen propagieren. Mit Ihrem Einfluss und Ihrer Reichweite wollte sie genau damit ein Statement setzen, um der nachwachsenden Generation eine positive Lebensweise vorzustellen. Darüber hinaus gibt es weitere, zahlreiche Frauen und Männer, die bewusst Regeln und ungeschriebene Gesetze brechen. Nehmen Sie sich an diesen mutigen Frauen und Männern ein Beispiel. Seien Sie, wer Sie sind und zeigen Sie sich. Ändern Sie nur das, was wirklich schädlich für Sie und andere ist. Bleiben Sie wie Sie sind. Macken sind charakteristisch und wirken sogar aufregend. Lassen Sie sich nicht vorschreiben, welche Mode Sie zu tragen haben; entwickeln Sie Ihren eigenen Stil. Trauen Sie sich auch einmal ohne Make-Up oder sehr aufwendig gestylten Haaren auf die Straße zu gehen.

Führen Sie gerne folgende Übung durch: Überlegen Sie, was andere an Ihnen bemängeln und was anderen an Ihnen gefällt. Die Wahrnehmung von uns selbst ist nur dann komplett, wenn andere ihre Meinung kundtun. Schreiben Sie eine Liste, aufgeteilt in die verschiedenen Lebensbereiche, in die Sie alles hineinschreiben, was Ihnen an Ihnen auffällt und was Ihnen gefällt. Damit sind Sie in der Lage stets authentisch zu sein und damit in der Lage, mehr Kraft und Ausstrahlung zu besitzen, was Ihnen wiederum eine höhere Resilienz einbringt.

Veränderungsangebote annehmen

Manchmal muss sich im Leben etwas verändern, denn nur durch Veränderung gibt es Progression – sowohl individuell als auch gesellschaftlich. Doch dabei oftmals entstehen Angst und Unsicherheit – Gefühle, die den Verlust von Altem begleiten, während das Neue, völlig Unbekannte auf Sie wartet. Doch bedenken Sie, dass Veränderungen das Leben sind und dieses ausmachen. Die Protagonistin aus dem genannten Beispiel hatte sich verändert, zum Positiven hin, weil andere ihr dazu verholfen hatten. Sie hatte es geschafft, auszubrechen und sich zu ihrem Vorteil hin zu verändern. Dies ist etwas, das jeder schaffen kann, wenn man nur den Mut aufbringt ins unbekannte Wasser zu springen. Als die Protagonistin vor der Wahl stand, ihren Traumjob auszuüben oder in der Sicherheit einer Firma zu bleiben, entschied sie genau nach Ihrem Herzen – bis heute bereut sie nichts. Haben Sie den Mut und nehmen Sie die Veränderung an. Lernen Sie neue Kollegen, neue Freunde sowie neue Ideen kennen. Machen Sie neue Erfahrungen. Nehmen Sie den Mut zusammen und gehen Sie auf Reisen, auch wenn Sie die Sprache des Zielortes nicht so gut beherrschen. Es wird Sie Überwindung kosten, doch Sie werden danach glücklicher und resilienter hervortreten. Machen Sie es sich zur Aufgabe, jeden Tag etwas Neues zu entdecken, sei es auf einem Spaziergang, auf dem sie einen neuen Weg finden, der Sie auf einen schattigen Waldweg führt, oder Ähnliches. Es muss nichts kosten außer Ihre Überwindung. Alles, was Sie brauchen, ist Neugierde und Zeit, die Sie sich bewusst nehmen. Manchmal benötigen Sie Geld, doch dieses wird sinnvoll investiertes sein. Wenn Sie eine Sprache lernen wollen, sprechen Sie. So banal diese Aussage auch klingen mag, erlebe ich es immer wieder, dass Menschen eine neue Sprache lernen, indem sie sich ausschließlich auf die Theorie fokussieren. Dabei betrachten Sie Grammatik, Rechtschreibung, Lesefähigkeiten und dergleichen. Jedoch vergessen sie häufig, dass Sprachenlernen nur funktioniert, wenn sie sprechen lernen. Dasselbe gilt beispielsweise auch beim Autofahren: Sie erinnern sich sicherlich – nach dem Theorieteil sind Sie zum ersten

Mal an das Lenkrad herangetreten und durften anfahren. Die erste Fahrstunde ist fern von kompetentem Autofahren, was aufzeigt, dass die bloße Theorie im Vorfeld gewiss nicht ausreicht. Daher das Credo noch einmal verdeutlicht: Tun Sie es!

Auch wenn Sie es nicht so gut können – Sie lernen aus Fehlern und andere werden es anerkennen. Wenn Sie nichts wagen, werden Sie nichts lernen können, sondern nur eine weitere Gelegenheit verpassen. Oftmals trauen wir uns nicht über unsere unausgereiften Fähigkeiten hinauszuwachsen, weil wir uns womöglich schämen. Doch wenn Sie sich trauen, werden Sie feststellen, dass andere Menschen Ihnen keinerlei Vorwürfe machen werden, auch wenn es überall Ausnahmen gibt, sondern dies eher positiv begleiten.

Tägliche Übungen zur Stärkung Ihrer Resilienz

Um Ihre eigene Resilienz zu stärken, ist es nicht notwendig, auf Probleme oder Herausforderungen des Lebens zu warten. Kleine Ärgernisse sind genug, um dadurch stärker zu werden. Wenn Sie sich beispielsweise über einen unfreundlichen Gegenüber ärgern oder ein Kollege die Arbeit nicht sonderlich ausgeführt hat, oder sie von Konflikten geplagt werden, reicht es vollkommen aus, damit Sie sich in Resilienz üben können. Allein solche Situationen können Ihnen schon genügend Stress und Krisen im Alltag einbringen, um gute Ergebnisse in Ihrem eigenen Resilienztraining zu bekommen. Im Gegenzug zur Protagonistin aus dem genannten Beispiel, in welchem intensive Probleme das Wachstum der Protagonistin förderten, reicht es, wenn Sie lernen, mit der Situation umzugehen. Auch wenn es leicht klingt, dies zu tun, ist es das oftmals nicht, denn, wie bei jeder Fähigkeit bzw. Fertigkeit, die man lernt, muss man erst einmal verstehen, wie man damit umgeht. Üben Sie es täglich und Sie werden spüren, dass sich bald Ergebnisse einstellen werden, mit denen Sie durchaus sehr zufrieden sein können.

Kapitel 8

Stark durch eigene Widerstandskraft

Resilienz ist etwas, was in jedem von uns steckt. Die psychische Widerstandskraft wird zudem von Geburt an gestärkt und ist bei dem einen schwächer und bei dem anderen stärker ausgeprägt. Resilienz ist nicht nur im Beruf wichtig, sondern auch im privaten Bereich, in dem die meisten Fälle von psychischer Belastung auftreten können. Was ist, wenn das Kind krank ist? Oder wenn die Großmutter im Sterben liegt? Dies sind je nach Situation große oder kleine Belastungen, die Ihnen begegnen. Doch selbst die kleinen Widrigkeiten können Ihnen sehr zu schaffen machen, sofern Ihre Resilienz schwach ausgeprägt ist. Im Falle der Protagonistin und ihrer Lebensgeschichte lässt sich adäquat deduzieren, dass Resilienz sehr stark von sozialen Faktoren abhängt. Scheuen Sie sich nicht, mit jemandem Vertrautem zu sprechen, sei das Problem noch so lästig oder groß – selbst wenn Sie nur etwas mit sich herumtragen, ein kleiner Fehler, der gar nicht der Rede wert ist, Ihre Seele aber stark belastet. Fakt ist, dass Resilienz trainiert werden kann und Sie dadurch schnell stärker werden können – stärker im Körper wie auch im Geiste. Aus den vielen Varianten, die eigene Resilienz zu stärken, empfehle ich ganz besonders, zunächst einmal zur Ruhe zu kommen und sich aus toxischen Situationen zu befreien. Dies ist meiner Empfindung nach stets die Grundlage, um überhaupt auf andere Gedanken zu kommen, als nur den Tunnelblick einzunehmen, mit dem Sie auf die Probleme zwanghaft fixiert sind.

Betrachten Sie die aufgeführten Tipps, die Resilienz zu stärken. Was fällt Ihnen auf? In jeder Variante sind sechs Punkte enthalten, welche das Resilienzkonzept säumen:

1. Optimismus,
2. Akzeptanz,
3. Lösungsorientierung,

4. Übernahme von Verantwortung,
5. Netzwerkorientierung und
6. Zukunftsplanung selbst.

All diese Punkte sind in allen Vorgängen der Stärkung der Resilienz enthalten und stets in allen Abläufen Ihres Lebens verankert. Befreien Sie sich aus giftigen Situationen und lassen Sie nicht zu, dass Negativität Ihren Alltag bestimmt. Die Geschichte der Protagonistin ist am Ende gut ausgegangen und hat sie aus ihren Altlasten endgültig befreit. Nun ist sie ein sehr glücklicher Mensch und plant auch schon die nächste große Reise. Die Psyche zu stärken hat also nur Vorteile, für Sie und Ihre Mitmenschen.

Planen Sie nun auch eine neue Reise – eine, die zu mehr Resilienz und folglich Glück, Zufriedenheit und Sinnerfüllung führt. Ich wünsche Ihnen dafür viel Freude und Erfolg!

Quellen

- https://lexikon.stangl.eu/593/resilienz/
- https://medizin-akademie.at/wp-content/uploads/2014/06/low-exp-resilienz.pdf
- https://open-mind-akademie.de/intelligenz-konfetti/
- https://utopia.de/ratgeber/resilienz-so-trainierst-du-deine-seelische-widerstandsfaehigkeit/
- https://www.managementkompetenzen.de/resilienz/
- https://www.psychologie-heute.de/leben/38838-resilienz-laesst-sich-lernen.html

Rechtliches und Impressum

Die Inhalte dieses Buches wurden anhand von anerkannten Quellen recherchiert und mit hoher Sorgfalt geprüft. Der Autor übernimmt dennoch keinerlei Gewähr für die Aktualität, Richtigkeit und Vollständigkeit der bereitgestellten Informationen. Haftungsansprüche gegen den Autor, welche sich auf Schäden gesundheitlicher, materieller oder ideeller Art beziehen, die durch die Nutzung oder Nichtnutzung der dargebotenen Informationen bzw. durch die Nutzung fehlerhafter und unvollständiger Informationen verursacht wurden, sind grundsätzlich ausgeschlossen, sofern seitens des Autors kein nachweislich vorsätzliches oder grob fahrlässiges Verschulden vorliegt. Dieses Buch ist kein Ersatz für medizinische und professionelle Beratung und Betreuung.

Dieses Buch verweist auf Inhalte Dritter. Der Autor erklärt hiermit ausdrücklich, dass zum Zeitpunkt der Linksetzung keine illegalen Inhalte auf den zu verlinkenden Seiten erkennbar waren. Auf die verlinkten Inhalte hat der Autor keinen Einfluss. Deshalb distanziert der Autor sich hiermit ausdrücklich von allen Inhalten aller verlinkten Seiten, die nach der Linksetzung verändert wurden. Für illegale, fehlerhafte oder unvollständige Inhalte und insbesondere für Schäden, die aus der Nutzung oder Nichtnutzung solcherart dargebotener Informationen entstehen, haftet allein der Anbieter der Seite, auf welche verwiesen wurde, nicht aber der Autor dieses Buches.

2. Auflage

DiGi Generation GbR
Im Ebertswinkel 9
64625 Bensheim
Vertretung: Dr. Özgür Dagdelen, Torben Gebbert
E-Mail: hallo@digigeneration.de

Printed in Germany
by Amazon Distribution
GmbH, Leipzig

18481882R00068